T0385458

Praeger Richter

Ausbauhäuser

gemeinschaftlich, bezahlbar, regenerativ

collaborative, affordable, regenerative

Vorwort Seit der Fertigstellung unseres ersten Ausbauhauses in Neukölln 2014 haben uns viele Anfragen erreicht. Was macht das Ausbauhaus so kostengünstig? Wie könnte in einem solchen städtischen Wohnprojekt die eigene Wohnung individuell ausgebaut werden? Welche Hilfestellungen bekommt man als Laie von der Baugruppe oder von den Architekt:innen? Wie ist ein kollektiver Planungs- und Bauprozess organisiert, der individuelle Wünsche der Bauherr:innen zulässt und in dem das Gebäude rechtzeitig fertig wird?

Ziel unserer Architektur ist es, die gebaute Umwelt und vor allem das Wohnen und Leben in der Stadt gemeinschaftlich, regenerativ und bezahlbar zu gestalten. Die in den Ausbauhäusern umgesetzten Ideen steuern auf dieses Ziel hin und helfen, die Gebäude zu eigenständigen Wohnprojekten und langfristig nutzerfreundlichen, anpassbaren Häusern zu machen.

In diesem Buch ordnen wir unsere Erfahrungen in Form von neun *Ausbauhaus-Prinzipien,* die wir am Beispiel von vier Gebäuden darstellen. Es sind Grundsätze, die sich in unseren Projekten immer wieder auf unterschiedliche Weise durchgesetzt und als entscheidend erwiesen haben. Diese Prinzipien lassen sich nur bedingt in einzelne Kapitel unterteilen oder bestimmten

Projekten zuordnen. Um sie zur Diskussion zu stellen, haben wir es hier trotzdem getan.

Wir haben über die Jahre viele Erfahrungen im gemeinschaftlichen und kostengünstigen Planen und Bauen gesammelt. Die hier formulierten Ausbauhaus-Prinzipien waren flexibel genug, um sie immer wieder anzupassen und neue Entdeckungen zuzulassen. Ausbauhäuser unterliegen einem Entwicklungsprozess, der andauert, solange daran gearbeitet wird.

Dieses Buch zeigt die unterschiedlichen Aspekte der Ausbauhaus-Prinzipien auf, von kosteneffizienten Konstruktionen über den Selbstbau bis zum Management von Gruppenentscheidungen. Wir würden uns freuen, wenn es ausreichend Antworten und einige Anregungen bietet.

Henri Praeger
Jana Richter

Preface Since completing our first *Ausbauhaus* in Neukölln in 2014, we have been inundated with questions. What makes an Ausbauhaus such a cost-effective option? How can residents in such urban housing projects customize their own apartments to meet their individual preferences? What kind of guidance and support can nonprofessionals expect from the collective housing initiative and its architects? How can the collective planning and construction process be organized to accommodate homeowners' individual desires while ensuring the building is completed on time?

With our architecture, we aim to create an urban environment that provides communal, regenerative, and affordable living spaces. The ideas implemented in any Ausbauhaus are geared towards these aims and help create user-friendly, adaptable homes and communities with a self-sufficient and enduring character.

In this book, we organize our experience into nine *Ausbauhaus principles*, which we illustrate using four buildings, each with its own chapter. These principles have repeatedly proven themselves in various ways and are discussed here within the four project chapters, they are however equally applicable throughout all Ausbauhaus projects.

Over the years, we have gained extensive experience in cost-effective, collaborative planning and construction. The Ausbauhaus principles outlined on the following pages, have been flexible enough for continual adaptation and discovery. Ausbauhäuser processes are subject to ongoing development as long as the various homeowners occupy and tailor their dwelling to accommodate life's many phases.

This book explores the various aspects of the Ausbauhaus principles, ranging from cost-effective construction to the inclusion of homeowner 'self-building' and group decision management. We hope it provides insight and inspiration.

Henri Praeger
Jana Richter

Ausbauhaus Neukölln

Das *Ausbauhaus Neukölln* in Berlin ist ein Mehrgenerationenhaus einer Baugruppe mit 24 Einheiten. Bei diesem Konzept wurde eine kostengünstige Konstruktionsform aus dem Gewerbebau gewählt und der Rohbau als robustes Regal konzipiert, um frei überspannte Einheiten ohne tragende Wände zu schaffen. Durch diese Trennung konnten die Ausbaupakete *Wohnung, Loft* und *Selbstausbau* angeboten werden, die unterschiedliche zeitliche und finanzielle Wünsche der Bewohner:innen berücksichtigen und einen Ausbau ermöglichen, ohne die Zeit- und Kostenplanung des Gesamtprojektes zu beeinflussen.

The *Ausbauhaus Neukölln* in Berlin is a multigenerational house comprising 24 units, developed by a collective housing initiative. In this project, a cost-effective construction method commonly used in commercial buildings was chosen. The building shell was designed as a robust skeletal structure to create open-plan units without load-bearing walls. The separation of shell and unit made it possible to offer different fit-out packages of *Apartment, Loft*, and *DIY Fit-out*, catering to the residents' diverse timelines and financial preferences. This strategy enabled an interior construction process without impacting the overall project's scheduling and cost planning.

Ort / Location: Berlin-Neukölln
Baujahr / Year: 2014
Auftraggebend / Client: Baugruppe Ausbauhaus Neukölln GbR

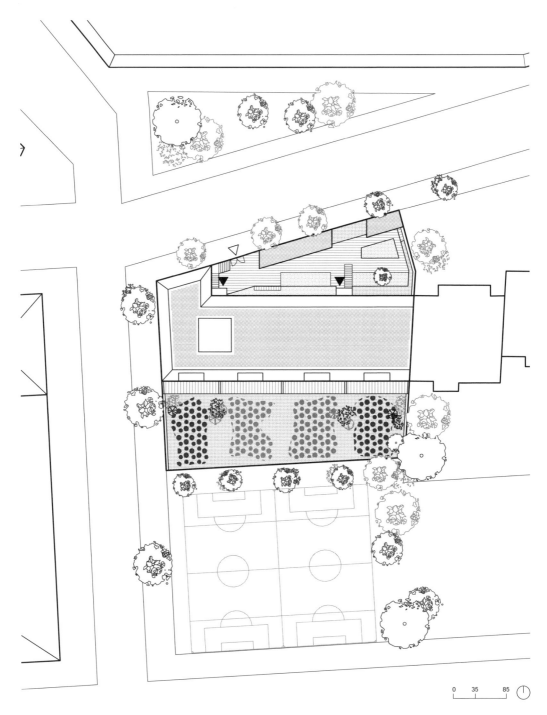

Das *Ausbauhaus Neukölln* liegt in Berlin-Neukölln direkt an der Ringbahn. Der Bau fügt sich zwischen die gründerzeitliche Blockstruktur und die 1970er-Jahre-Wohnbebauung ein. Vor dem Haus befindet sich ein gemeinschaftlicher Hof mit Fahrradstellplätzen, einem Spielplatz und Sitzbänken.

The *Ausbauhaus Neukölln* is located in Berlin-Neukölln directly on the 'Circular Railway'. The building blends in between the Wilhelminian block structure and the 1970s residential developments. Addressing the street, the building offers a communal courtyard with bicycle parking, a playground, and benches.

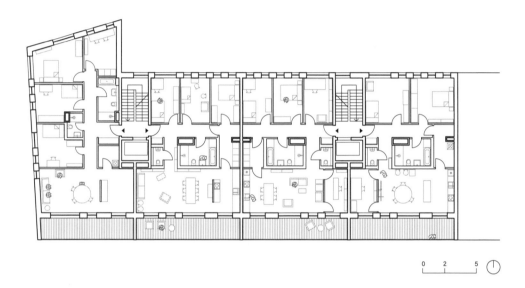

0   2   5

Zwei Treppenhäuser erschließen die zwölf Wohneinheiten auf drei Obergeschossen sowie die gewerblichen Nutzungen. Die durchgesteckten Wohnungen werden an der Südfassade um eine je 20 m² große private Loggia erweitert.

Two staircases provide access to twelve residential units spread over three floors, as well as to the commercial spaces. The apartments, which span the depth of the building, boast generous private loggias on the south facade.

2 m tiefe und 20 m² große Loggien erweitern den Wohnraum nach außen. Der Garten und die Loggien auf der Südseite des Hauses bieten Platz für individuelle Begrünung und urbanes Gärtnern.

The loggias, 2 m deep and 20 m² in size, extend the living space to the outside. The garden and south-facing loggias provide space for individual greenery and urban gardening.

Die Familienwohnung im Standard *Wohnung* wurde mit verputzten Wänden und Holzparkettböden übergeben. Die Wohnung im Standard *Loft* (rechts) mit rohen Oberflächen und einfacher Ausstattung wurde individuell weitergebaut.

This family flat in *Apartment standard* was handed over with plastered walls and wooden parquet floors. For the flat in *Loft standard* (right picture), featuring untreated surfaces and basic furnishings, interior work was carried out by the homeowners.

Rohbauregal und individueller Ausbau In Ausbauhäusern sind der Rohbau (das *Regal*) und die Gebäudehülle bewusst unabhängig vom Innenausbau geplant und gebaut. Das macht individuelle Ausbauwünsche möglich, ohne dass das Gesamtprojekt dadurch beeinflusst wird.

Die genaue Unterteilung in Etappen bewirkt einen einfach umsetzbaren, regulären Bauablauf. Das *Rohbauregal* wird zuerst fertiggestellt. Dann kann konstruktiv und zeitlich abgekoppelt der individuelle Ausbau der Wohnungen entstehen. Dadurch wird gewährleistet, dass der Terminplan des Hausprojektes von den Entscheidungen einzelner Bauherr:innen unabhängig ist. Auch finanziell erzeugt die Eigenständigkeit des Innenausbaus größeren individuellen Spielraum je Einheit. Bei der systemischen Planung der Gebäudestruktur ist die Mitbestimmung eingeschränkt, und die Fertigstellung der Planung erfolgt relativ früh im Planungsprozess. Dadurch werden der Einsatz serieller Bauelemente und Modulbau ermöglicht, was die Bauzeit verkürzt und Kosten spart.

Zusätzlich macht die bewusste Abkopplung des Innenausbaus von der Gebäudestruktur es leicht, unterschiedliche Ausbaustandards wie *Wohnung*, *Loft* oder *Selbstausbau* in den Einheiten zu planen. Die Wohneinheiten sind ohne die üblichen Übergriffe in darüber oder darunter liegende Einheiten geplant, sodass der Ausbau intern organisiert ist, zum Beispiel durch horizontale Leitungsführung für die Deckenbeleuchtung. Im Fall des vollständigen Selbstausbaus wird eine sogenannte Selbstbauvereinbarung wirksam. Diese definiert die Anforderungen an Statik, Schallschutz, Bauphysik und an die technische Gebäudeausrüstung als Grundlage der Eigenleistung in der jeweiligen Wohneinheit.

Ausbauhäusler:innen können zudem eine *Muskelhypothek* im Darlehensvertrag vereinbaren und entsprechend ihren Fähigkeiten und der zur Verfügung stehenden Zeit die einfache Ausbaustufe in einen hochwertigen Innenausbau verwandeln.

Dieses Prinzip der bewussten Etappierung von Rohbau und Ausbau ermöglicht mehr Individualität, aber auch eine höhere Akzeptanz für kostensenkende Maßnahmen. Zudem wird der Einsatz von seriellen Bauteilen erleichtert. Damit entsteht im Gesamtprojekt eine höhere Qualität bei geringeren Baukosten.

Building shell and individual interior fit-out

An *Ausbauhaus* consists of the shell (the building structure, exterior envelope, and basic building services) and the integration of apartment fit-outs, either by the head contractor or by the homeowners themselves. The shell is planned and built independently of the interior fit-out, permitting the implementation of homeowners' wishes without undue influence on the overall project.

The precise division into stages enables an easy-to-implement and regular construction process. The shell is completed first. After that, the interior fit-out of each individual units and its scheduling can be executed independently. This ensures that the overall project schedule remains unaffected by the decisions of individual homeowners. Moreover, the independence of interior fit-outs allows for greater individual flexibility with regard to financial considerations.

With systemic planning of the building shell, participatory decision-making is limited, and the finalization of the design occurs relatively early in the planning process. This enables the use of serial building components and modular construction resulting in shorter construction times and cost savings.

The decoupling of interior fit-out from the shell construction makes it easy to plan different fit-out standards within the units, such as *Apartment, Loft*, or *DIY Fit-out*. The residential units are designed without the typical intrusions into neighboring units above or below, allowing for internal organization of the interior work, such as through horizontal routing for ceiling lighting. In the case of a complete DIY fit-out, a so-called self-build is permitted, whereby the homeowner must agree to fulfil the requirements of structural stability, acoustic performance, building physics, and building services determined by the project.

Homeowners doing the fit-out themselves can also negotiate a "sweat equity" arrangement in their loan agreement, allowing them to transform the basic fit-out standard into a high-quality interior finish according to their abilities and available time.

The principle of staging shell construction and interior fit-out allows for more individuality while also increasing acceptance for cost-cutting measures. Additionally, it facilitates the use of serial building components, resulting in higher overall quality and lower construction costs for the project as a whole.

Die Sonnenschutzvorhänge aus Lowtech-Textilien der Landwirtschaft werden manuell durch die Bewohnenden bedient.

The sun protection curtains, made from simple textiles used in agriculture, are operated manually by the residents.

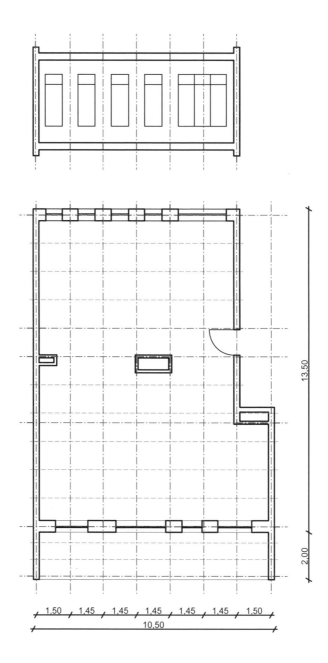

1,50 ⁄ 1,45 ⁄ 1,45 ⁄ 1,45 ⁄ 1,45 ⁄ 1,45 ⁄ 1,50

10,50

13,50

2,00

Systemgrundriss mit Systemachsen und Deckenelementen: Durch die Befreiung des Grundrisses von der Tragstruktur können die Innenwände frei positioniert werden. Die flexible und lockere Lochfassade an der Nordseite lässt eine freie Anordnung der Innenräume zu.

Floor plan system with axes and ceiling elements: By freeing the floor plan from load-bearing structures, interior walls can be freely positioned. The flexible and loosely structured perforated facade on the north side allows for a free layout of the interior spaces.

Anlieferung der Fertigteile: Um einen stützenfreien Grundriss über 10 m Tiefe zu ermöglichen, wurden Spannbetondecken (Hohlkammerdielen) eingesetzt, deren erhöhte Lasteintragung durch Betonwände (Halbfertigteilwände in Vorfertigung) abgetragen wird. Die höheren Kosten dieser Deckenart werden durch den verminderten Gebrauch von Bewehrungsstahl und die schnelle Montage wieder kompensiert. In der gleichen Bauart sind auch die Loggien errichtet, die zeitgleich montiert wurden, wodurch die Bauzeit reduziert werden konnte.

Delivery of precast elements: To enable a column-free layout with a depth of 10 m, prestressed concrete slabs (hollow core slabs) were used. Their larger than normal load transmission is supported by semi-precast concrete walls. The higher cost of this type of ceiling is offset by the reduced use of reinforcing steel and rapid installation. The loggias were constructed concurrently in the same way, resulting in a shorter construction time.

Robustheit Ausbauhäuser sind einfach gebaut und greifen gängige Bauweisen auf. Standardlösungen wird gegenüber Sonderlösungen immer der Vorzug gegeben. Das erleichtert den individuellen Ausbau und fördert die Teilhabe.

Robuste bauliche Eigenschaften fördern die Aus- und Umbaumöglichkeiten. Frei überspannte Einheiten, ein kleinteiliges Fensterraster für flexible Räume an der Fassade und die zentrale Lage der Versorgungsschächte in den Einheiten sorgen für dauerhafte Grundrissflexibilität. Die Raumhöhe im Ausbauhaus beträgt mindestens drei Meter. Dadurch wird die Nutzung nicht auf die reine Wohnfunktion beschränkt, und eine Einheit kann später auch umfunktioniert – als Büro, Studio oder als Praxis genutzt – werden.

Ausbauhäuser sind bewusst technikarm konzipiert. Es wird Technik verbaut, die leicht zugänglich, wartungsarm und auch in Teilen reparabel oder ersetzbar ist. Darum können auch die Ausbauhäusler:innen den Selbstbau oder Umbau mit einfachen Werkzeugen aus dem Heimwerkerbedarf, wie Akkuschrauber, Sägen und Wasserwaage, ausführen. Die Gebäude sind bewusst so robust konzipiert, dass sie handwerkliche

Missgeschicke beim Heimwerken nicht nur aushalten, sondern sie systemisch begrenzen. Eine Bohrung in eine Wand darf kein Kabel oder eine Wasserleitung treffen. Aufputzinstallationen lassen dieses Problem gar nicht erst entstehen.

Die Gebäude sind mit großen Maßtoleranzen geplant. Das präzise Ausrichten in Werkzeichnungen ist zwar oft sinnvoll, aber es stellt aufgrund der Bautoleranzen bei der Umsetzung einen kostenintensiven Mehraufwand dar. Solche unnötigen Zwänge werden vermieden.

Ausbauhäuser sind lowtech. Es steht bei jeder Entwurfsentscheidung immer die Frage: Wie einfach kann etwas sein, um möglichst allen ein dauerhaftes Um- und Weiterbauen innerhalb der Einheit zu ermöglichen?

Robustness *Ausbauhäuser* are designed in a simple manner. By eschewing custom solutions in favor of common construction methods, resident participation is promoted, often leading to unique, tailored outcomes.

Robust construction characteristics enhance the possibilities for interior fit-out and any future conversion. Free-spanning, column free units, a narrow window grid (allowing for flexible partition layouts), and centrally located utility shafts within the units ensure lasting floor plan flexibility. The ceiling height in an Ausbauhaus is a minimum of three meters. This allows for other uses besides residential—offices, studios, or practices can easily be accommodated at a later stage.

Ausbauhäuser are deliberately designed with minimal sophisticated technology, which is easily accessible, requires little maintenance, and can also be repaired or replaced incrementally. For this reason, homeowners can do the DIY fit-out or conversion work in their units with simple tools such as cordless screwdrivers, saws, and spirit levels. The buildings are intentionally designed to be robust enough to not only withstand DIY mishaps but to systematically limit them. For example, a hole drilled into a wall must not hit a cable or a water pipe.

Surface-mounted installations prevent such problems from arising in the first place.

While precise alignment in design drawings is often advisable, exacting tolerances can result in costly additional efforts during construction, therefore the building shell is planned with generous dimensional tolerances to avoid any such cost overruns.

Wherever possible, Ausbauhäuser are low-tech. In every design decision, the question is always: how simple can something be so that—during the fit-out or in the future—as many people as possible can build and convert within their apartment?

Der Verzicht auf konventionelle Standards im Wohnungs-
bau zugunsten von einfachen Lösungen wie Aufputzleitun-
gen erhöht die Wartungs- und Reparaturfreundlichkeit.

Conventional standards in residential construction are waived
in lieu of simple solutions, such as surface-mounted installations, which increase the ease of maintenance and repair.

Selbstbau und Teilhabe Ausbauhaus-Projekte sind selbstorganisiert. Sie leben vom Engagement ihrer Bewohner:innen. Darüber hinaus kann abhängig von individuellen Fähigkeiten und spezifischem Zeitbudget eine Ausbaustufe gewählt oder die Einheit komplett selbst ausgebaut werden.

Die bauliche Struktur der Ausbauhäuser ermutigt die Bewohnenden, Aus- und Umbauarbeiten in ihrer Wohnung selbst durchzuführen. So entscheiden sich einige für einen kompletten Selbstausbau inklusive Trennwänden und Bodenaufbau. Andere verlegen lieber nur den Bodenbelag und streichen die Wände selbst, gern auch zu einem späteren Zeitpunkt. Wieder andere verzichten bei der Errichtung auf jede Eigenleistung, passen aber Jahre später die Wohnung den veränderten Bedürfnissen an.

Schon vor dem Einzug wird eine Wohneinheit – mit eigenen Händen um- oder weitergebaut – zum Zuhause. Selbermachen erzeugt nicht nur Identifikation und Produktstolz auf das Geschaffene, sondern trägt auch zur Ausbildung einer lebendigen Hausgemeinschaft bei. In ihr wird – so zeigt die Erfahrung – nicht nur das Heimwerkerwissen weitergegeben.

Sich gegenseitig mit Rat und Tat zu helfen, Werkzeug zu leihen oder einfach nur zu fachsimpeln geht über die normale Begrüßung im Treppenhaus hinaus und stärkt das Zusammenleben.

Dabei reduziert Selbstbau nicht zwangsläufig die Baukosten. Ein versierter Handwerker kann Arbeiten oft besser und schneller erledigen als ein Laie. Selbstbau ist aber immer ein Ausdruck von Individualität. Den meisten Menschen macht es Spaß, etwas selbst und nach den eigenen Vorstellungen zu gestalten und zu bauen. Dabei ist es gar nicht wichtig, ob etwas komplett neu erschaffen oder nur eine Reparatur durchgeführt wird.

Ausbauhäuser begünstigen solche Eigenständigkeit und Gemeinschaftlichkeit gleichzeitig, indem sie die bauliche Teilhabe von Laien im Rahmen des Machbaren fördern. Die Hürde, Veränderung in der eigenen Wohnung vorzunehmen, wird minimiert. Die baulichen Anknüpfungspunkte sind so einfach gehalten, dass allein der Besuch eines Baumarktes und ein paar Anleitungsvideos ausreichen, um den Aktionsradius für die Nutzer:innen zu erweitern.

DIY projects and participation *Ausbauhaus* projects are self-organized. They thrive on the commitment of their participants. In addition, depending on individual skills, resources, and available time, homeowners can choose a level of finish or complete their interior themselves.

The structural design of an Ausbauhaus encourages residents to carry out interior works and remodeling in their apartments themselves. Some choose to do the entire interior fit-out, including partition walls and floor installation. Others prefer to only lay the flooring and paint the walls, possibly even at a later date. Still others forego any personal contribution during construction, yet they may easily adapt their apartment as their needs change over the years.

Active involvement in the construction phase creates a sense of identification and pride for the homeowners, it also contributes to the formation of a lively community within the building. Experience has shown that more than just DIY knowledge is shared. Helping each other in word and deed, borrowing and lending tools, or simply talking shop becomes more than a simple greeting in the stairwell: it strengthens the bonds of the community.

Self-building does not necessarily reduce building costs. An experienced craftsman can often complete a task better and faster than a layperson. However, a self-build is always an expression of individuality. Most people enjoy designing and building something themselves and according to their own ideas. It is not important whether something is created entirely from scratch or if it is only modified or repaired.

Ausbauhäuser promote both independence and community by facilitating the participation of non-experts in the building phase within the realm of what is feasible. The barrier to making changes in one's own apartment is minimized. The structural connection points are kept so simple that users can expand their range of activities with just a visit to a hardware store and a few instructional videos.

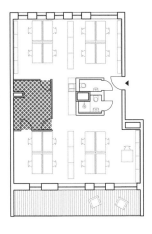

Standard *Loft*,
3-Zimmer-Wohnung
mit offenem
Wohnbereich

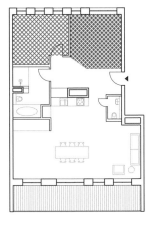

Standard *Loft*,
offenes Einraum-Loft,
Co-Working-Space

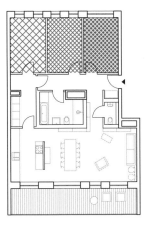

Standard *Wohnung*,
4-Zimmer-Wohnung
mit großem
Arbeitszimmer

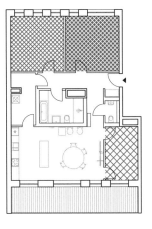

Standard *Wohnung*,
4-Zimmer-Wohnung
und Haus-
wirtschaftsraum

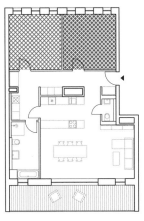

Standard
Selbstausbau,
2-Zimmer-Wohnung
mit Wohnbereich und
Co-Working-Space

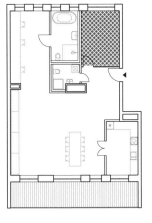

Standard *Wohnung*,
3-Zimmer-Wohnung
mit innen liegender
Küche und
Tageslichtbad

Flexible Grundrisse erlauben eine Vielfalt an Nutzungen in einem Haus: Es gibt keine tragenden Wände innerhalb der Wohnungen, sodass ein flexibler Ausbau möglich ist. Alle Einheiten haben eine lichte Raumhöhe von 3 m.

Flexible floor plans allow for a variety of uses in one house: Without load-bearing walls within the units, flexible interior arrangements are possible. All units have a clear ceiling height of 3 m.

Standard *Loft*,
1-Zimmer-Wohnung,
offener Grundriss

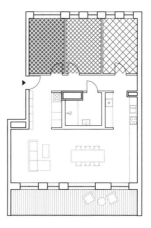

Standard *Loft*,
4-Zimmer-Wohnung,
offener Grundriss

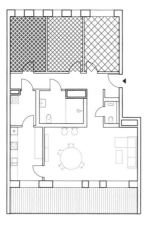

Standard *Wohnung*,
4-Zimmer-Wohnung mit
abgeschlossener Küche
und Gäste-WC

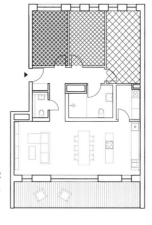

Standard *Wohnung*,
5-Zimmer-Wohnung
mit offener
Wohnküche

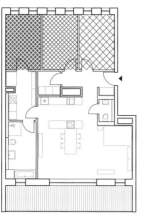

Standard *Wohnung*,
4-Zimmer-Wohnung
mit innen liegender
Küche und begeh-
barem Hauswirt-
schaftsraum

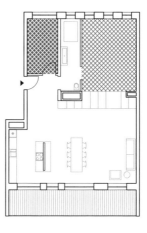

Standard *Loft*,
3-Zimmer-Wohnung
in Eigenleistung

Im Haus finden Familienwohnungen, Wohngemeinschaften, Loft-Wohnungen, eine Singlewohnung mit Archiv, eine Wohnung als Showroom für eigens entworfene Möbel sowie Co-Working-Arbeitsplätze und Büronutzungen Platz.

The building accommodates family apartments, shared apartments, loft apartments, a single apartment with an archive, and an apartment used as a custom-designed furniture showroom, as well as coworking spaces and offices.

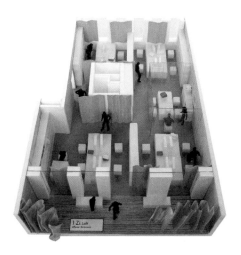

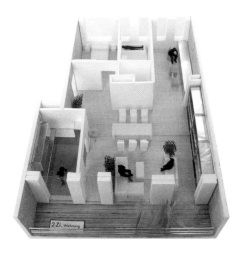

Standard *Loft*,
offenes Einraum-Loft als Büro

Standard *Selbstausbau*,
2-Zimmer-Wohnung in Eigenleistung

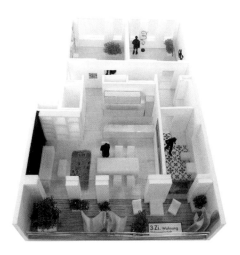

Standard *Wohnung*,
3-Zimmer-Wohnung

Standard *Wohnung*,
4-Zimmer-Wohnung

Varianten des flexiblen Ausbaus der stützenfreien Einheiten, Modelle im Maßstab 1:50 (Ausstellung zum DAM Preis 2017; Archiv Deutsches Architekturmuseum, Frankfurt am Main).

Variants of flexible interior fit-out of the column-free units, 1:50 models (exhibition accompanying the DAM Prize 2017; DAM Archive, Frankfurt am Main).

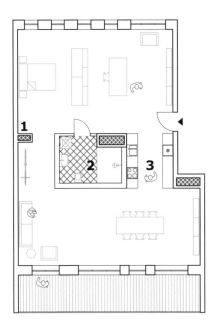

Positionierung von Bad und Küchenzeile im
Zentrum der Wohnung

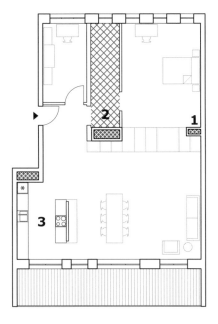

Küchenzeile ist zur Südfassade orientiert,
Tageslichtbad ist durchgesteckt an der
Nordfassade

Jede Wohnung hat Anschlussmöglichkeiten an drei Versorgungsschächte: einen Schacht im Zentrum der Wohnung
und zwei an den Wohnungstrennwänden. Diese Ausstattung
ermöglicht eine hohe Grundrissflexibilität und die freie Positionierung der Küche.

Each flat offers connection options to three utility shafts: one
shaft in the center of the flat and two on the partition walls between flats. This allows a high degree of floor plan flexibility
and the free positioning of the kitchen.

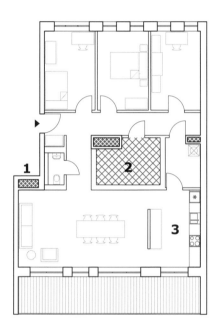

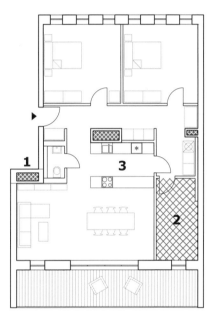

Innen liegendes Bad und Gäste-WC, Küchenzeile
ist zur Südfassade durchgesteckt

Positionierung des Tageslichtbads Richtung
Süden, Positionierung der Küchenzeile im Zentrum
der Wohnung

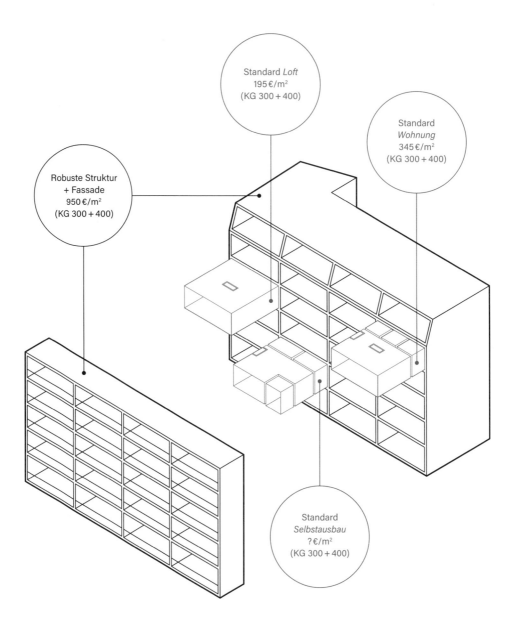

Standard *Loft*
195 €/m²
(KG 300 + 400)

Standard
Wohnung
345 €/m²
(KG 300 + 400)

Robuste Struktur
+ Fassade
950 €/m²
(KG 300 + 400)

Standard
Selbstausbau
? €/m²
(KG 300 + 400)

Das Rohbauregal wird mit den fachlich notwendigen Schnittstellen erstellt. Die technische Ausrüstung der Wohnungen ist konsequent innerhalb der Wohnungshülle gelöst, sodass der Ausbau unabhängig umgesetzt werden kann. Diese Trennung des Gesamtprojektes vom Ausbau der Wohnungen lässt den Nutzer:innen die freie Wahl zwischen den drei Ausbaustandards *Loft*, *Wohnung* oder die Übernahme des Rohbaus zum *Selbstausbau*.

The building shell is constructed with the technically necessary interfaces. The technical equipment of the units are consistently solved within the unit envelope, so that the interior fit-out can be implemented independently. This separation of the overall project from the fit-out of the units leaves the users free to choose between the three fit-out standards offered: *Apartment, Loft*, or taking over the shell for *DIY Fit-out*.

Leere Rohbaueinheit: Die Besonderheit im Ausbauhaus besteht darin, den Nutzer:innen die Wahl zwischen verschiedenen Ausbaustandards wie *Loft*, *Wohnung* und die Übernahme des Rohbaus zum *Selbstausbau* zu ermöglichen. Installationsrohre als Aufputzmontage ermöglichen die einfache Umverlegung von Lichtauslässen an der Decke. Heizkörper statt Fußbodenheizung erlauben spätere Eingriffe in den Bodenaufbau.

Empty shell unit: The special feature of the *Ausbauhaus* is that it allows the occupants to choose between different fit-out standards such as *Apartment*, *Loft* and taking over the shell for a *DIY Fit-out*. Surface-mounted installation pipes make it easy to relocate lighting outlets on the ceiling. Radiators instead of underfloor heating allow interventions in the floor structure at a later date.

Leere Einheit im Standard *Loft*: Rohbaukosten + 195 €/m² Wohnfläche (KG 300 + 400). Das Einraum-Loft ist hochflexibel, zum Wohnen oder Arbeiten, nutzbar. Es ist mit eingestellter Bad-Box und Küchenanschluss eingerichtet. Der Fußboden ist als Sichtestrich ausgeführt. Elektroleitungen sind auf Putz verlegt, alle Oberflächen sind roh belassen. Das Loft kann individuell weitergebaut werden.

Empty unit in *Loft standard*: Shell construction cost + €195/m² of living space (Cost Group 300 + 400). The one-room loft is highly flexible and suitable for living or working. It is equipped with an inserted bathroom and kitchen connection. The floor is finished as exposed screed. Electrical cables are surface-mounted, and all surfaces are untreated. Further construction work on the loft can be carried out according to individual preferences.

Leere Einheit im Standard *Wohnung*: Rohbaukosten + 345 €/m² Wohnfläche (KG 300 + 400). Als Standardgrundriss teilt sich die Einheit in eine klassische 4-Zimmer-Wohnung auf. Vom Standardgrundriss ausgehend kann sie individuell weiterentwickelt werden (z. B. zur 3-, 5-, oder 6-Zimmer-Wohnung). Sie erhält als Fußbodenbelag Massivholzparkett sowie glatt gespachtelte Wände und Deckenoberflächen. Elektroleitungen und Medien sind unter Putz verlegt, das Bad ist im Standard mit einer bodengleichen Dusche ausgestattet.

Empty unit in *Apartment standard*: Shell construction cost + €345/m² of living space (Cost Group 300 + 400). A standard layout divides the unit into a classic four-room flat. Starting from the standard layout, it can be individually developed further (e.g. as a three-, five- or six-room apartment). The unit features solid wood parquet flooring and smooth plastered walls and ceilings. Electrical and data cables are concealed, and the bathroom is equipped with a walk-in shower as per standard design.

Familienwohnung im Standard *Wohnung*: Die Einheit wird an eine Familie mit Kind vermietet. Sie wurde im Standard-grundriss mit weißen Wänden und robustem Massivholz-parkett und innen liegendem Bad mit Oberlicht ausgeführt.

Family apartment in *Apartment standard*: The unit is rented to a family with a child. It was finished with a standard floor plan with white walls, robust solid wood parquet flooring, and an interior bathroom with skylight.

Grundrissflexibilität Ausbauhäuser bestehen aus möglichst gleich großen Einheiten, die somit multifunktional nutzbar sind. Dadurch können die Zimmer in den Einheiten räumlich flexibel aufgeteilt und auch später umgenutzt werden.

Baulich sind die Einheiten unabhängig von hohen technischen Anforderungen des Gebäudes – wie Statik, Bauphysik und Schallschutz. So gibt es meist frei überspannte Grundrisse ohne weitere tragende Wände oder Stützen. Bauphysikalische Berechnungen wie der sommerliche Wärmeschutz sind auf die kritischste Raumaufteilung kalkuliert. Wohnungstrennwände, Decken und die Gebäudehülle erfüllen die hohen Anforderungen des Schallschutzes und werden von der individuellen Gestaltung des Grundrisses nicht beeinflusst.

Die Aufteilungsmöglichkeit der Einheiten in Zimmer wird durch bauliche Eigenschaften wie die stützenfreie Deckenüberspannung oder ein kleinteiliges Fensterraster gefördert. Auch die optimierte Anzahl und Positionierung der Installationsschächte befreit den Grundriss aus der üblichen technischen Abhängigkeit, weil die Anschlüsse in Küche, Bad und WC flexibel geplant werden können. Ausbauhäuser orientieren sich grundsätzlich an den gängigen modularen Bezugssystemen im Bauwesen. Folglich ist der Innenraum der Einheiten ebenfalls von standardisierten Baustoffabmessungen durchzogen. Der Ausbau kann somit mit marktüblichen, einfach zu beschaffenden Baumaterialien erfolgen.

Die Bewohner:innen können über die räumliche Aufteilung in der Einheit frei entscheiden. Ob Loft oder Mehr-Zimmer-Wohnung, innen liegendes Bad oder Bad mit Fenster und dafür ein Zimmer weniger, ob separate oder offen im Wohnbereich liegende Küche – alles ist individuell veränderbar.

Flexibility of floor plans *Ausbauhäuser* consist of spatial units that are as equal in size as possible and therefore facilitate multifunctional use. This allows for spatial flexibility within the units, enabling rooms to be divided and repurposed as needed at a later date.

From a structural perspective, the units are independent of the building's primary technical requirements, including structural integrity, building physics, and acoustic performance. Typically, there are free-span floor plans without additional load-bearing walls or supports. Calculations of the building's physics, such as thermal protection in summer, are based on the most critical layout of rooms. Partition walls between units, ceilings, and the building envelope meet stringent legal requirements for acoustic insulation and are not influenced by the individual floor plan design.

The division of units into rooms is facilitated by structural features such as column-free ceilings and a narrow window grid. The optimized number and positioing of utility shafts also free the floor plan from typical technical constraints because the connections in the kitchen, bathroom, and toilet can be planned flexibly.

Ausbauhäuser fundamentally adhere to common modular reference systems in construction. Consequently, the interior of the units is also characterized by standardized building material dimensions. The interior fit-out can therefore be done using readily available, market-standard building materials.

Residents are free to decide on the spatial layout within their unit. Whether it's a loft or a multiroom apartment, an interior bathroom or one with a window at the expense of a room, a separate or open-plan kitchen in the living area—everything is individually adaptable.

Familienwohnung im Standard *Selbstausbau*: Die Wohnung liegt im Erdgeschoss mit einer Raumhöhe von 3,50 m. Sie wurde durch die Bewohnenden und mithilfe von Freund:innen über zwei Jahre Stück für Stück in Eigenleistung weiter ausgebaut und komplettiert.

Family apartment in *DIY Fit-out standard*: The unit with a ceiling height of 3.50 m is located on the ground floor. Over a period of two years, the residents, with the help of friends, will continue working on the interior fit-out and complete the apartment step by step.

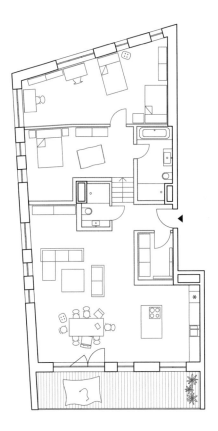

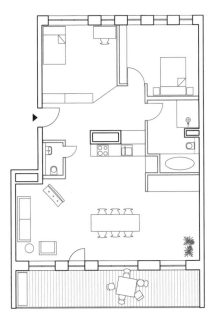

Selbstausbau-Eckwohnung,
großzügige 4-Zimmer-Eckwohnung

Selbstausbau-Wohnung,
3-Zimmer-Wohnung mit innen
liegender Küche und Bad
sowie großzügigem Wohnraum

Beispielgrundrisse für Wohnungen im *Selbstausbau*: Die selbst gestalteten Grundrisse sind individueller, unkonventioneller, aber weniger effizient.

Sample floor plans of units for *DIY Fit-out*: Self-designed layouts are more individual, more unconventional but less efficient.

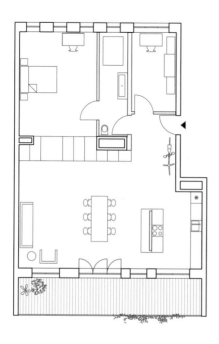

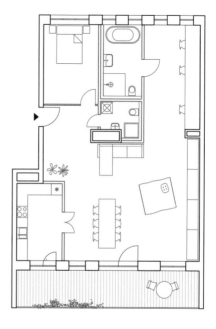

Selbstausbau-Wohnung,
3-Zimmer-Wohnung mit innen
liegender Küche und Tageslichtbad

Selbstausbau-Wohnung,
3-Zimmer-Wohnung mit
abgetrennter Küche zur Loggia und
eingeschobenem Tageslichtbad nach Norden

Selbstausbau-Wohnung im Erdgeschoss mit Garten: Die Wohnung wird von einer jungen Familie sukzessive ausgebaut. Bisher sind die Betondecken geschliffen, Massivholzdielen eingebaut und die Küche selbst entworfen.

Ground floor unit for DIY Fit-out with garden: The apartment is being successively fitted out by a young family. So far, the concrete ceilings have been sanded, solid wood floorboards and kitchen have been installed to the homeowners' design.

Familienwohnung eines Tischlers im Standard *Selbstaus-bau*: Je nach handwerklichen und finanziellen Fähigkeiten kann Eigentum günstig entstehen und mit speziellen Materialien individuell gestaltet werden.

Family apartment of a carpenter in *DIY Fit-out standard*: Depending on craftsmanship and financial resources, a homeowner can cost-effectively add value to their investment with a custom design and special materials.

Bad in einer *Selbstausbau*-Wohnung von Designer:innen, die ein spezielles Farbkonzept entwickelt und eigene Möbel entworfen haben: Wände und raumtrennende Elemente sind als Unikate hergestellt.

Bathroom in a *DIY Fit-out* flat of designers who have developed a special color concept and designed their own furniture. Walls and room-dividing elements are unique pieces of work.

Das eingestellte WC der Wohnung wurde im *Selbstausbau* errichtet. Der Estrichboden ist sichtbar und mit Beschichtung ausgeführt.

The inserted toilet was implemented as part of the *DIY Fitout*. The screed flooring is visible and finished with a resilient coating.

Massivholzhäuser Neuruppin

Die beiden drei- und viergeschossigen Mehr-familienhäuser mit 23 Eigentum- und Miet-wohnungen wurden durch eine Baugruppe und einen privaten Investor am Rand der historischen Altstadt Neuruppins errichtet. Die Gebäude fügen sich mit ihren mono-chromen Biberschwanzziegel-Fassaden in die lokale Gestalt der Neuruppiner Dächer ein und interpretieren diese neu. Alle tra-genden Bauteile, abgesehen von Treppen und Aufzugsschächten, sind in vorgefer-tigten Massivholzplatten ausgeführt. Die großen Balkone und die umlaufende Galerie können einfach und kostengünstig als Aus-kragung hergestellt werden und erweitern den Wohnraum qualitätsvoll nach außen.

The two multifamily buildings with three re-spectively four storys consist of 23 condo-miniums and rental apartments. They were constructed by a collective housing initiative and a private investor on the outskirts of the historic old town of Neuruppin. Monochrome plain tile facades emulate the appearance of Neuruppin's roofscape, offering a reinterpre-tation of the vernacular style. All load-bear-ing elements, except for stairs and elevator shafts, are constructed using prefabricated solid timber panels. The large balconies and the surrounding gallery can be easily and cost-effectively constructed as cantilevered elements, providing a high-quality outdoor extension of the living space.

Ort / Location: Neuruppin
Baujahr / Year: 2020
Auftraggebend / Client: Baugruppe Ausbauhaus Neuruppin GbR & Investor

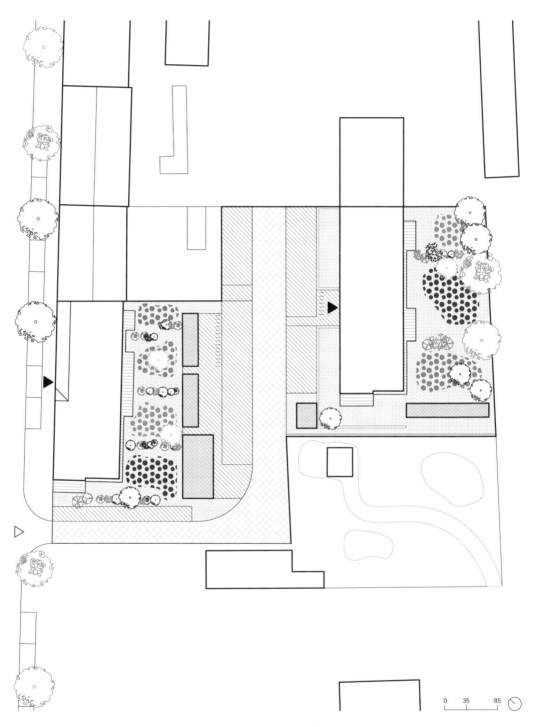

0   35   85

Vorderhaus und Gartenhaus mit privaten Gärten: Der Hof beinhaltet die Nebengebäude (für Technik mit Abstellräumen), Feuerwehrzufahrt sowie Rad- und PKW-Stellplätze. Die zwei Mehrfamilienhäuser entstanden als Kopfbauten eines Blocks.

Front building and garden house with private gardens: The courtyard includes auxiliary buildings (for technical equipment and storage rooms) and a fire brigade access road, as well as bicycle and car parking spaces. The two main multifamily buildings terminate an urban block.

0   2   5 〇

Das Vorderhaus ist als effizienter Vierspänner, das schmalere Gartenhaus als Dreispänner ausgebildet. Die 14 Mietwohnungen im Vorderhaus wurden durch einen Investor, die neun Eigentumswohnungen im Gartenhaus durch eine Baugruppe errichtet. Das Vorderhaus schließt an das bestehende Nachbargebäude an. Die Fassade ist mit roten engobierten Bieberschwanzziegeln, Holzfenstern und Metallgeländern gestaltet.

The front building is efficiently designed with four flats per standard story, the narrower garden house with three flats per story. The 14 rental flats in the front house were built by an investor, the nine condominiums in the garden building by a collective housing initiative. The front building adjoins the existing neighboring building. The facade is finished with red plain tiles, wooden windows, and metal railings.

Wohnküche mit großzügigem Balkon: Der Raum ist mit bodentiefen Holzfenstern und Echtholzparkett ausgestattet. Wände und Decken sind aus tragenden, roh belassenen oder weiß lasierten Massivholzplatten errichtet.

Open-plan kitchen with spacious balcony: The room is fitted with wooden French windows and solid wood parquet flooring. Walls and ceilings are built of untreated or white glazed, load-bearing solid timber panels.

Die hohen Wohnräume sind mit bodentiefen Fenstern ausgestattet und führen auf die Balkone. Innen sind Boden, Wände und Fenster aus Holz gefertigt. Die Holzwände bleiben sichtbar, werden weiß lasiert und schaffen ein wohngesundes Raumklima, wodurch der Rohbau schon stark dem Ausbau gleicht.

The living rooms feature French doors leading out onto the balconies. Inside, the floor, walls, and windows are made of wood. The wooden walls remain visible, are glazed white, and create a healthy indoor climate, making the interior look very much like the building shell.

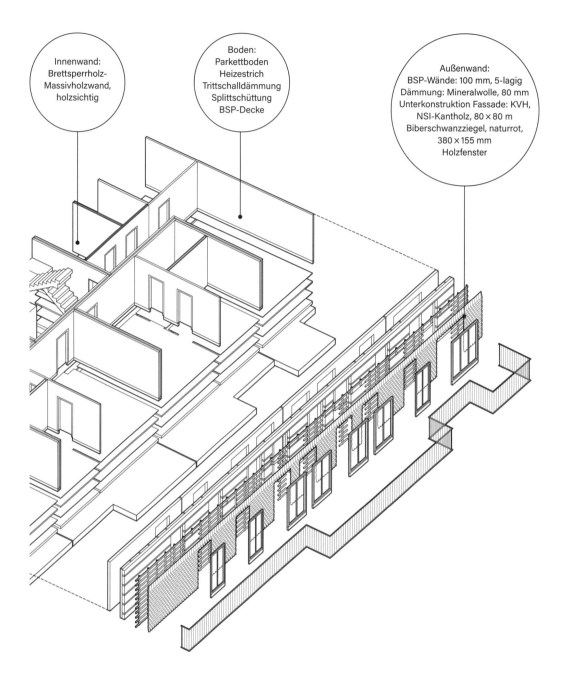

Innenwand:
Brettsperrholz-
Massivholzwand,
holzsichtig

Boden:
Parkettboden
Heizestrich
Trittschalldämmung
Splittschüttung
BSP-Decke

Außenwand:
BSP-Wände: 100 mm, 5-lagig
Dämmung: Mineralwolle, 80 mm
Unterkonstruktion Fassade: KVH,
NSI-Kantholz, 80 × 80 m
Biberschwanzziegel, naturrot,
380 × 155 mm
Holzfenster

Die tragenden Rohbauteile, Wände und Decken sind aus vorgefertigten Massivholzplatten (Brettsperrholz/BSP) ausgeführt. Im gesamten Gebäude sind ökologische, robuste und dauerhafte Baustoffe eingesetzt. Auf Verbundwerkstoffe und das Verkleben oder Verspachteln von Materialschichten wurde verzichtet. Es wurden ökologisch abbaubare Farben und Lasuren verwendet. Durch sortenreine Trennung der Baustoffe kann deren Wiederverwertbarkeit zu circa 90 % gesichert werden.

The load-bearing structural elements, walls, and ceilings are constructed using prefabricated solid timber panels (cross-laminated timber/CLT). Throughout the entire building, ecological, robust, and durable building materials were used. Composite materials and adhesive bonding or filling of material layers were avoided. Ecologically degradable paints and varnishes were applied. Separating the building materials by type ensures that about 90 % of them can be recycled.

Alle tragenden Rohbau-Bauteile sind mitsamt der Öffnungen für Fenster, Türen und technischen Installationen vollständig vorgefertigt. Diese präzise Vorfertigung im Werk spart erheblich Bauzeit und reduziert Gewerke, Arbeitsgänge sowie Lärm auf der Baustelle.

All structural components of the shell, including openings for windows, doors, and technical installations, are fully prefabricated. This precise prefabrication in the factory significantly reduces construction time and minimizes the number of trades involved, work processes, and noise on the construction site.

Kostengünstig bauen Um Ausbauhäuser kostengünstig zu bauen, sind eine gute Entscheidungsstruktur im Planungsprozess, eine vollständige und abgeschlossene Planung sowie eine regional übliche und detailarme Bauweise nötig. Baulich sind ein hoher Anteil an Vorfertigung, der Einsatz marktüblicher Industrieprodukte und die Reduzierung von Verschnitt und Abfall Bedingung.

In den Ausbauhäusern ist die konsequente Vorfertigung der Bauelemente unverzichtbar, da so Arbeitskraft und Bauzeit eingespart werden. Im Rahmen der Vorfertigung wird die Gebäudestruktur zu einem frühen Zeitpunkt festgelegt. Dadurch sind auch die erweiterten Rohbaugewerke wie Fassade, Dach und Fenster systematisierbar und können auch seriell und modularisiert hergestellt werden. Die Schnittstelle zwischen Vorfertigung und Montage auf der Baustelle wird vereinfacht.

In Ausbauhäusern werden preiswerte Industrieprodukte eingesetzt. Mit der Kenntnis der Herstellungsverfahren lässt sich die Transportlogistik verbessern und Verschnitt vermeiden. Auf spezielle Zuschnitte, Anpassungen und Sonderlösungen wird weitestgehend verzichtet. Um auch langfristig kostengünstig zu bauen, werden die Lebenszykluskosten und der Aufwand für Entsorgung und Wiederverwendung nach der Erstnutzung der Baumaterialien einkalkuliert. Es ist davon auszugehen, dass das zunehmende Angebot von Baumaterialien aus nachwachsenden Rohstoffen in Zukunft günstiger wird als Materialien, die auf fossilen Rohstoffen basieren.

Die Arbeitsleistung ist ein enormer Kostenfaktor im Bauwesen. Bei der Planung ist deshalb zu berücksichtigen, dass jede handwerkliche Leistung, die gar nicht erst nötig wird, Kosten spart. Auch beim Bauablauf der Ausbauhäuser wurde durch Vermeidung von Überschneidungen der einzelnen Gewerke und durch Reduzierung zeitlich versetzter Arbeitsschritte der Aufwand der ausführenden Firmen reduziert. Detailarme Planung und kurze, übersichtliche Leistungsbeschreibungen unterstützen diesen Prozess.

Cost-effective construction Building *Ausbauhäuser* in a cost-effective manner requires a good decision-making structure within the planning process, a comprehensive and finalized plan, observance of regionally specific building practice, and low-detail construction methods. Prerequisites for construction include a high degree of prefabrication, the use of commercially available industrial products, and the minimization of offcuts and waste.

In Ausbauhäuser, consistent prefabrication of building components is indispensable as it saves labor and construction time. As part of the prefabrication process, the building structure is determined at an early stage. This allows for the systematization of additional trades involved in the shell construction, such as facade, roof, and windows, for which components can also be sourced from serial and modularized production. The interface between prefabrication and on-site assembly is simplified.

Ausbauhäuser use inexpensive industrial products. Understanding the manufacturing processes makes it possible to enhance transport logistics and avoid waste, while minimizing the use of any special fabrication, adaptations, and custom solutions wherever possible.

Their construction also considers life cycle costs and the effort required for disposal and reuse of building materials after their initial use, ensuring cost efficiency of a building over its entire life cycle. It is expected that the growing supply of building materials made from renewable resources will be less expensive in the future compared to materials based on fossil raw materials.

Labor is an enormous factor in construction cost. In the planning phase, it is therefore important to bear in mind that avoiding unnecessary manual labor will always save costs. In the construction process of Ausbauhäuser, the workload of the head contractor is likewise reduced by avoiding overlapping of the individual trades and by reducing the number of staggered work steps. Low-detail planning and short, clear specifications for tenders support this process.

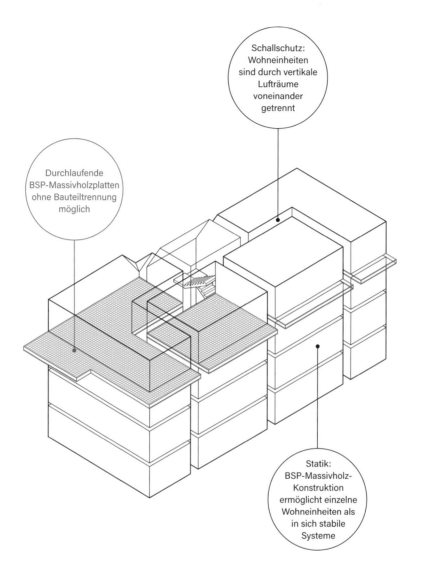

Schallschutz:
Wohneinheiten
sind durch vertikale
Lufträume
voneinander
getrennt

Durchlaufende
BSP-Massivholzplatten
ohne Bauteiltrennung
möglich

Statik:
BSP-Massivholz-
Konstruktion
ermöglicht einzelne
Wohneinheiten als
in sich stabile
Systeme

Raumgerüst aus massiver Holzkonstruktion mit durchlaufenden Deckenplatten: Jede Wohnung ist als sich selbst tragende Einheit konstruiert, die Wohnungstrennwände sind aufgrund des Schallschutzes doppelt ausgebildet. Alle tragenden Rohbau-Bauteile, abgesehen von Betontreppe und Kalksandstein-Aufzugsschacht, sind in 10 bis 24 cm starken Massivholzbauteilen ausgeführt. Die umlaufende 60 cm tiefe Galerie und die Balkone werden einfach und kostengünstig durch Auskragungen der Massivholzdecken hergestellt.

A spatial framework in solid timber construction with continuous ceiling panels: Each apartment is designed as a self-supporting unit, and the partition walls between apartments are doubled for acoustic performance reasons. All load-bearing structural shell components, except for the concrete staircase and the elevator shaft built of sand-lime brick, are made of solid timber elements ranging from 10 to 24 cm in thickness. The all-round 60 cm deep gallery and the balconies are created quite simply and cost-effectively by cantilevering the solid timber floors.

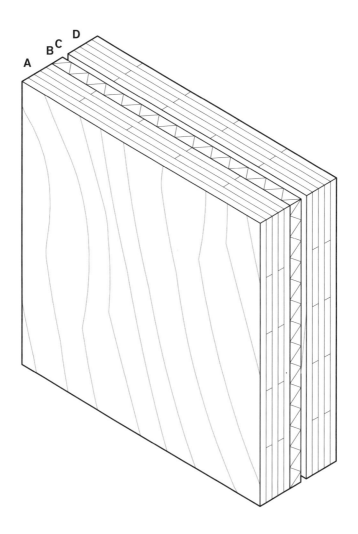

A   BSP-Massivholzplatte, holzsichtig
        CLT panel

B   Dämmung
        Insulation

C   Luftschicht
        Air layer

D   BSP-Massivholzplatte, holzsichtig
        CLT panel

Aufbau der Wohnungstrennwand: Die trocken montierte Holz-ständerwand ist mit Klemmfilz ausgefüllt und mit sichtbaren Massivholzplatten verschraubt.

Structure of partition wall between units: The CLT elements are constructed as sandwich panels, filled with insulation.

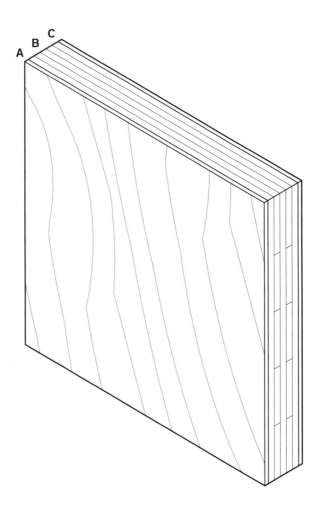

A   Lasur
     Glaze
B   BSP-Massivholzplatte, holzsichtig
     CLT panel
C   Lasur
     Glaze

Aufbau der Zimmertrennwand: Die schmalen Holzinnenwände mit einer Stärke von 10 cm schaffen pro Haus 15 m² mehr Wohnfläche als ein herkömmlicher massiver Wandaufbau mit Wärmedämmverbundsystem (WDVS).

Structure of partition wall between rooms: The narrow 10 cm wooden walls allow for an additional 15 m² of living space per building compared to a conventional solid wall construction with external thermal insulation composite system (ETICS).

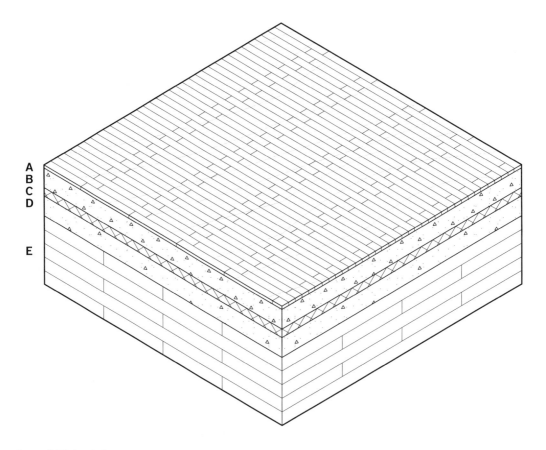

A	Echtholzparkett
	Real wood parquet
B	Heizestrich
	Heated screed
C	Trittschalldämmung
	Footfall sound insulation
D	Splittschüttung
	Grit filling
E	BSP-Massivholzdecke
	CLT floor slab

Fußbodenaufbau: Eine dauerelastisch gebundene Splitt-schüttung über der BSP-Massivholzdecke bildet den Unter-bau für die Trittschalldämmung.

Floor structure: A permanently elastic-bonded chip fill on top of the CLT floor slab serves as substructure for the footfall sound insulation.

38 Cent pro Stück,
Ton, unbeschichtet,
verbundfreie Montage,
einfache Entsorgung

38 cents per piece,
clay, uncoated,
compound-free assembly,
simple disposal

Eine Fassade, die frei von Verbundwerkstoffen ist, muss nicht teurer sein: Im Vergleich zum Biberschwanzziegel kostet Schiefer als Fassadendeckung pro Quadratmeter doppelt so viel. Auch die Kosten für WDVS-Fassaden sind erheblich gestiegen und lagen zum Ausführungszeitpunkt (2021) bei 258,50 €/m². Dieser Baukostenvergleich berücksichtigt noch nicht einmal die Vorteile der Baugeschwindigkeit und der Recyclingfähigkeit des Holzbaus.

A facade that is free of composite materials is not necessarily more expensive: Compared to plain tiles, slate as a facade cladding costs twice as much per square meter. The costs for ETICS facades have also significantly increased and were at €258.50/m² at the time of execution (2021). The cost comparison doesn't even take into account the advantages of construction speed and recyclability offered by timber construction.

Wohnprojekt Flora 86, 2018
Außenwand: Kalksandstein mit WDVS:
192 €/m² netto

Putz/Dispersionsspachtel: 14 €/m²
Kalksandstein: 58 €/m²
Mineralwolle und Dübel: 82 €/m²
Armierung und Putz: 28 €/m²
Zweifacher Anstrich: 10 €/m²

Housing project Flora 86, 2018
External wall: sand-lime bricks with ETICS:
192 €/m² net

Plaster/dispersion filler: €14/m²
Sand-lime bricks: €58/m²
Mineral wool and dowels: €82/m²
Reinforcement and plaster: €28/m²
Double coat of paint: €10/m²

Massivholzhäuser Neuruppin, 2020
Außenwand: Massivholzwand mit
hinterlüfteter Biberschwanzziegel-
verkleidung: 190 €/m² netto

Gipskartonplatte, einlagig: 9 €/m²
BSP-Massivholzplatten: 90 €/m²
Mineralwolle: 21 €/m²
Unterspannbahn: 7 €/m²
Lattung, Konterlattung: 16 €/m²
Biberschwanz: 47 €/m²

Solid Timber Houses Neuruppin, 2020
External wall: solid timber wall with
ventilated plain tile cladding: €190/m² net

Plasterboard, single layer: €9/m²
CLT panels: €90/m²
Mineral wool: €21/m²
Tensioned sub-membrane: €7/m²
Battens, counter battens: €16/m²
Plain tiles: €47/m²

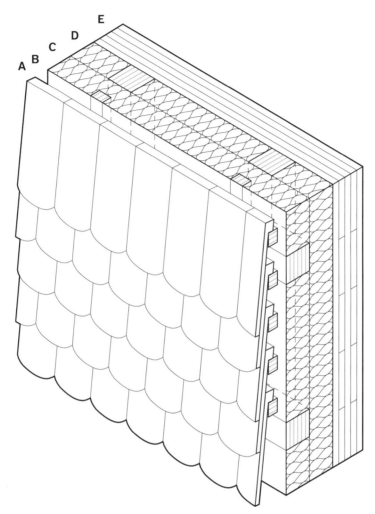

A   Biberschwanz-Fassadenziegel, hinterlüftet und naturrot
         Plain tile facade, back-ventilated and natural red

B   Lattung und Konterlattung Fassade, Unterspannbahn
         Battens and counter battens, tensioned sub-membrane

C   Lattung und Konterlattung Fassade
         Battens and counter battens facade

D   Mineralwolledämmung, geklemmt
         Mineral wool insulation

E   BSP-Massivholzwand
         CLT wall

Aufbau Fassade: Naturrote Biberschwanz-Ziegel sind auf einer Holzlattung montiert, die auch die Mineralwolledämmung durch Klemmung aufnimmt.

Facade structure: Natural red plain tiles are mounted on wooden battens, which also hold the mineral wool insulation by clamping.

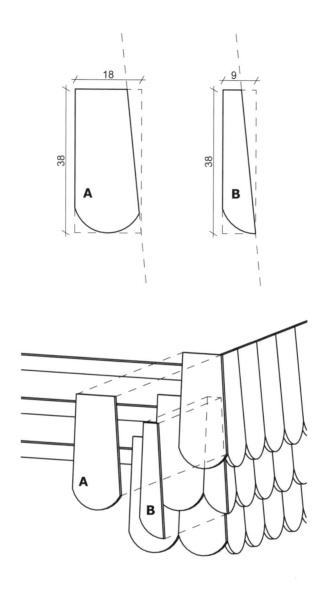

Eckausbildung der Biberschwanzziegel: Anders als am Dachanschluss schließt die Ecke nicht mit einem Metallprofil ab, sondern ganze und halbe Ziegel werden, um das Gefälle auszubilden, leicht verschnitten. Die Detailzeichnung für die Baustelle zeigt die Gebäudeecke mit Blick auf die Unterseiten der für die Balkone auskragenden Massivholzdecken.

Corner detail of tile cladding: Unlike at the roof connection, the corner does not end with a metal profile. Instead, whole and half tiles are slightly cut in order to form a gradient. The detailed drawing shows the corner of the building with a view of the undersides of the balconies formed by cantilevered solid timber floors.

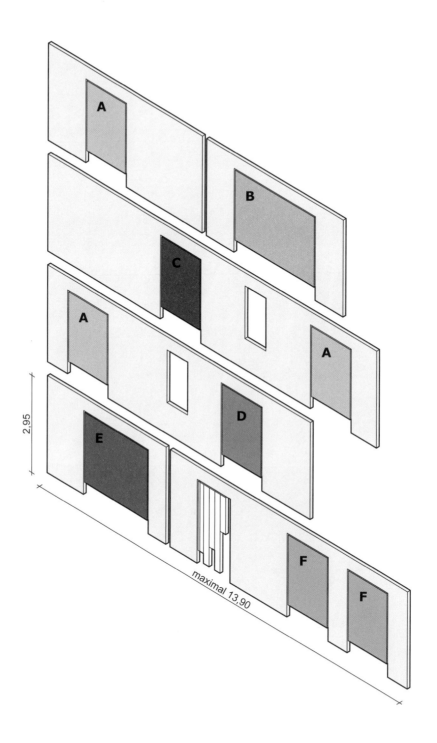

2,95

maximal 13,90

Durch die Tür- und Fensteröffnungen der vorgefertigten Massivholz-Wandelemente ergeben sich Verschnittteile. Auch diese Verschnitte (A–F) werden verwendet, nachdem sie als Bestandteil der Lieferung auf der Baustelle eintreffen.

The door and window openings of the prefabricated solid timber wall elements produce offcuts. Upon delivery, the offcuts (A–F) are also used for construction.

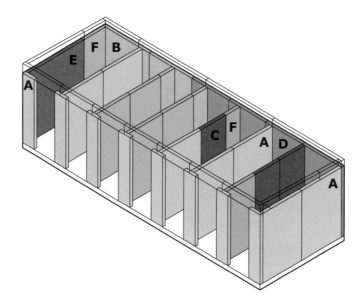

Die Verschnitte der Fensterausschnitte werden zum Bau der Nebengebäude im Hof genutzt. Diese sind mit extensiv begrünten Dächern errichtet und bieten den Bewohner:innen Stauraum: eine Alternative zu einem Kellergeschoss.

The offcuts from the window openings are used to construct the outbuildings in the courtyard. These are built with extensive green roofs and provide storage space for the residents—an alternative to a basement.

Tabakfabrik
Dresden

Eine gründerzeitliche Tabakfabrik wurde von einer Baugruppe zu einem Wohnprojekt mit zwölf Wohnungen umgebaut. In die vollständig entkernte Außenhülle wurden drei neue Baukörper eingesetzt, die sich um einen Innenhof gruppieren, von dem aus die Baukörper erschlossen sind.

Im Zwischenraum von Alt- und Neubau ergeben sich unbeheizte Zwischenzonen, die je nach Jahreszeit genutzt werden können. Darin entstehen Außenküchen, Wintergärten oder eine Werkstatt, die den Wohnraum erweitern. Die Wertschätzung des Bestandes führte dazu, dass bestehende Baumaterialien wie Ziegel, Holzdielen und Fenster aufgearbeitet und wiederverwendet wurden.

A collective housing initiative converted a historical tobacco factory from the Wilhelminian period into a housing project comprising twelve apartments. Three new volumes were placed inside the completely gutted exterior shell, forming a cluster around an inner courtyard from which they are accessed.

The space between the old and new buildings creates semi-open intermediate zones that can be used according to the seasons. These areas can accommodate outdoor kitchens, conservatories, or a workshops, thus extending the effective living space. The appreciation for the historical building resulted in the reprocessing and reuse of existing building materials such as bricks, wooden floorboards, and windows.

Ort / Location: Dresden-Alttrachau
Baujahr / Year: 2013
Auftraggebend / Client: Baugruppe Tabakfabrik Alttrachau GbR

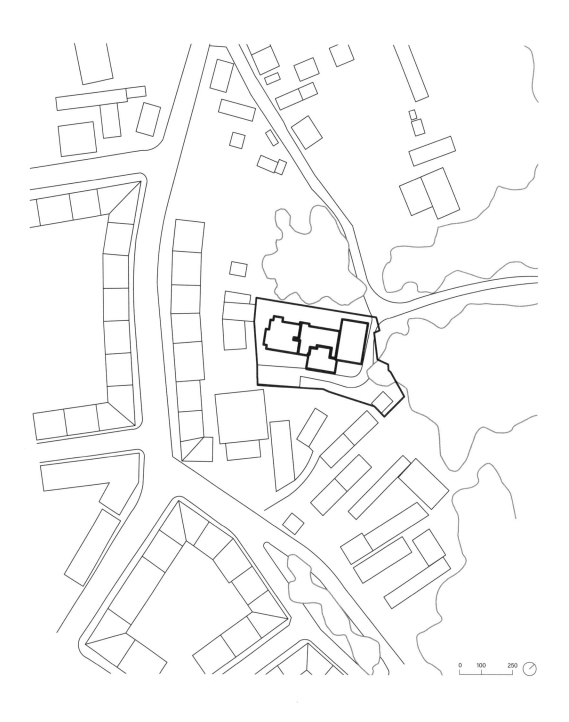

Lage: Auf einem sehr kleinem Grundstück liegt in zweiter Reihe im gründerzeitlichen Dresden-Alttrachau die Tabakfabrik.

Location: The tobacco factory is located in the second row of a very small plot of land in Dresden's Alttrachau district.

0   35   85

Da eine dichtere Bebauung am Standort nicht infrage kam, wurden alle neuen Strukturen innerhalb der alten Außenmauern errichtet.

Since a higher development density of the site was out of the question, all new structures were placed within the old exterior walls.

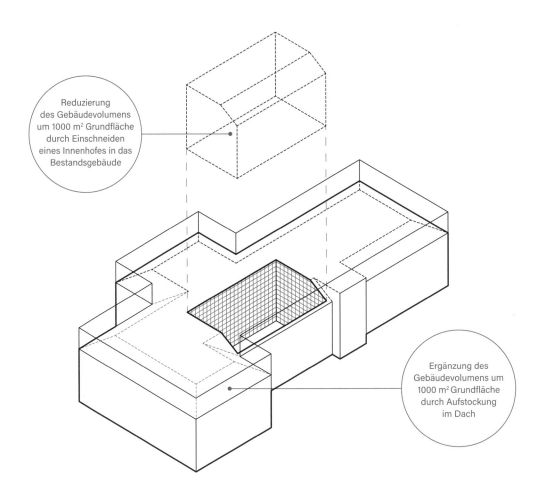

Reduzierung
des Gebäudevolumens
um 1000 m² Grundfläche
durch Einschneiden
eines Innenhofes in das
Bestandsgebäude

Ergänzung des
Gebäudevolumens um
1000 m² Grundfläche
durch Aufstockung
im Dach

Um das Fabrikgebäude für Wohnungen nutzen zu können, wurde in den sehr tiefen Grundkörper der Fabrik ein Hof eingeschnitten und so eine größere Fassadenfläche und Belichtung für die Wohnungen geschaffen. Auch das alte Dach musste weichen. Das Gebäude wurde dafür um ein Staffelgeschoss ergänzt.

In order to repurpose the factory building for residential use, a courtyard was carved deep into the volume of the factory, thus creating a larger facade area and increased natural lighting for the apartments. The old roof also had to make way; in its place, a set-back floor was added to the building.

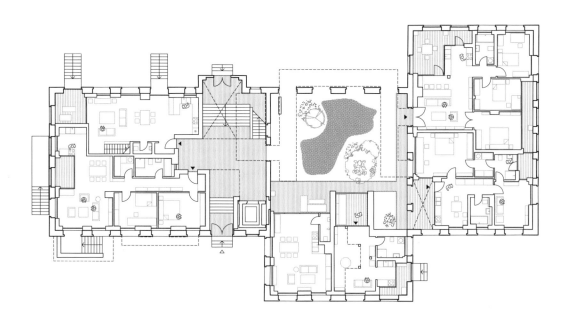

Grundriss Erdgeschoss: Aus der bestehenden Gebäudekuba- tur wurde ein Patio ausgeschnitten. Der Patio erschließt die drei neuen Gebäudeteile und dient als gemeinschaftlicher Treffpunkt mit angrenzendem Gemeinschaftsraum.

Ground floor plan: A patio was cut out of the existing building vol- ume. The patio provides access to the three new building sections and serves as a communal meeting place with an adjoining com- mon room.

Die Wohnküche mit vorgelagertem Kaltraum ist vollständig öffenbar: So erweitert sich – jahreszeitabhängig – der Wohnraum durch Küchen im Außenbereich, einen Wintergarten und einen Vorgarten oder auch eine Außendusche, Abstellräume, Wäschebereiche oder eine Werkstatt.

The open-plan kitchen with an unheated room in front can be opened up completely: Depending on the season, the living space can be extended to include an outdoor kitchen, a conservatory, and a front garden, or even an outdoor shower, storage rooms, laundry areas, or a workshop.

Die Enge des Grundstücks wird durch einen großzügigen Dachgarten kompensiert. Dieser enthält gemeinschaftliche sowie private Bereiche anliegender Wohnungen und besteht aus großen Holzdecks und intensiver Dachbegrünung.

The narrowness of the plot is compensated for by a generous roof garden, comprising both communal and private areas of the adjoining flats. It features large wooden decks and extensive roof greenery.

Baumaterialien wiederverwenden In Ausbauhäusern übernehmen die Bauherr:innen in gemeinsamen Arbeitseinsätzen, mit ihrer Zeit und schöpferischen Energie den aufwendigen Prozess der Materialentnahme, Prüfung und Aufarbeitung bestehender Bauelemente. Sie wirken der gegenwärtigen Verschwendung von Rohstoffen aktiv entgegen.

In Umbauprojekten wird dafür der Bestand mithilfe forensischer Techniken auf Sekundärrohstoffe, die sogenannte graue Energie, untersucht. In Bauwochen bestimmen die Ausbauhäusler:innen wiederverwendbare Baumaterialien im Bestandsgebäude. Daraus entstehen – in einem ersten Schritt – ästhetische Konzepte für eine räumliche Umnutzung und konkrete Ideen zur Entnahme oder Wiederverwertung einzelner Bauteile direkt am Ort.

In einem zweiten Schritt begutachten Fachleute die ausgewählten Bauteile und stellen sicher, dass sie altlastenfrei und nutzbar sind. Anschließend werden die verfügbaren Mengen erfasst, der notwendige Aufarbeitungsbedarf wird ermittelt. Standardisierte Bauelemente wie Steinplatten, Ziegel, Dielen sind besonders gut für die Wiederverwendung geeignet. Entnahme und Wiedereinbau erfolgt dann im Rahmen des Bauablaufes. Dieser Prozess schafft Akzeptanz und Wertschätzung für das Altern der Materialen, für die fühlbare Qualität des entnommenen Bauteils und seiner bisherigen handwerklichen Bearbeitung.

Der ökologisch und wirtschaftlich motivierte Wunsch, vorhandene Bauteile wiederzuverwenden, kann erst Mainstream werden, wenn die verwendeten Baumaterialien und die ausführenden Baugewerke entsprechend vorbereitet sind. Derzeit können viele Sekundärrohstoffe überhaupt nicht oder nur nach umfangreicher Reparatur wiederverwendet werden, da sie oft als Verbundwerkstoffe eingesetzt wurden und nicht den heutigen Standards des Bauens entsprechen.

In neuen Ausbauhäusern wird die Wiederverwertung von Bauteilen schon von Beginn eingeplant. Die Materialien werden trocken montiert, das heißt sie werden sicht- und lösbar verschraubt, gelegt, gesteckt und können wieder abgebaut und an anderer Stelle eingesetzt werden. So wird zukünftig der einfache Umbau von tragwerkunabhängigen Bauteilen oder bei einer Modernisierung eine sortenreine Trennung der Materialien möglich.

<u>Urban mining</u> In *Ausbauhäuser*, the homeowners actively participate in the labor-intensive process of sourcing materials and testing and refurbishing existing building elements in joint work assignments. By contributing their time and creative energy, they actively counteract the waste of resources typical in many standard developments.

In conversion projects, the existing building is examined for secondary raw materials, also called gray energy, with the help of forensic techniques. In the construction phase, DIYers in the Ausbauhaus identify reusable building materials in the existing building. In a first step, they then use this evaluation to develop aesthetic concepts for repurposing, along with specific ideas for extracting or reusing individual building components directly on site.

In a second step, experts then assess the selected building components to ensure they are free of contaminants and suitable for reuse. Available quantities are then recorded, and any necessary reprocessing is determined. Standardized elemental building components such as stone slabs, bricks, and floorboards are particularly well-suited for reuse. The extraction and reinstallation of these materials is integrated into the construction process—actively encouraging people to acknowledge and appreciate how materials age and to tangibly experience the quality of the extracted building component and the craftsmanship applied to it previously.

The desire to reuse existing building components, motivated by both ecological and economic considerations, can only become mainstream when relevant authorities, suppliers, and contractors share the ambition to adopt such an ecological approach. Currently, many secondary raw materials can only be used after extensive refinement and modification, or not at all, because they exist in composite form or do not meet today's construction standards developed in the old single-use economy.

In newly built Ausbauhäuser, the future reuse of building components is integrated from the beginning. The materials are dry-mounted, meaning they are visibly identifiable as screwed, laid, or assembled, allowing them to be dismantled and reused elsewhere. This makes it possible to easily modify building components that are independent of the supporting structure or to separate materials by type during any alterations or future modernization measures.

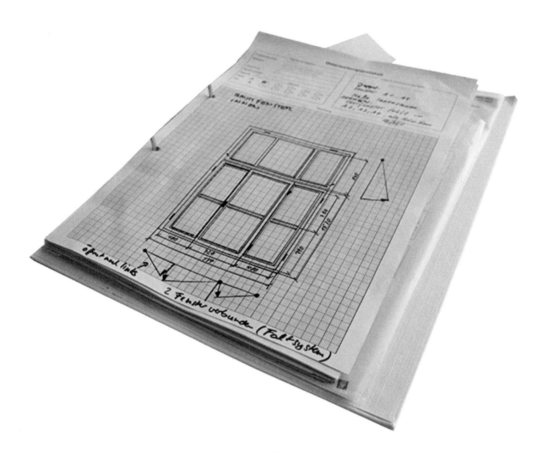

Für die Vor-Ort-Aufnahme der alten Baumaterialien wurde ein *Spurensicherungsverfahren* entwickelt, das durch fotografische und zeichnerische Dokumentation und mit gefundenen Objekten die Identität und konkreten Qualitäten des Gebäudes verdeutlichte. Die enge Beziehung des heutigen Wohngebäudes zum Altbestand hat hier ihre Wurzeln.

A forensic procedure was developed to identify and clarify the specific qualities of the old building through photography, drawing documentation, and the cataloging of found objects and materials. This process formed the roots of the close relationship between today's residential building and the old factory.

Aus der seit circa 20 Jahren leer stehenden Bauruine der Tabakfabrik wurde durch die forensische Begehung ein Möglichkeitsraum, der die Vorstellungskraft aller Beteiligten weckte.

The forensic exploration ignited the imagination of everyone involved and transformed the long-abandoned ruin of the tobacco factory, which had been vacant for about 20 years, into a realm of possibilities.

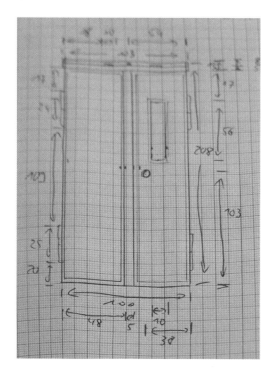

Mittels Skizzen und Fotografien dokumentierte die Baugruppe den Bestand. Hier wurden Qualitäten festgehalten und Ideen für die Wiederverwendung vorgefundener Bauteile entwickelt.

Under supervision, the housing initiative documented the existing building through sketches and photographs, capturing qualities and developing ideas for the reuse of the building components they found.

| DB_A_04 | DB_A_14 | DB_A_20 | DB_A_23 | DB_A_30 |

| MK_B_61 | MK_B_71 | MK_B_72 | MK_B_91 | XX_C_01 |

| UN_D_03 | UN_D_09 | UN_D_14 | UN_D_17 | UN_D_19 |

A_35   DB_A_36   MK_B_04   MK_B_15   MK_B_24

 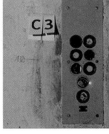   

_C_02   XX_C_03   XX_C_04   XX_C_06   UN_D_01

_D_21   UN_D_27   UN_D_31   UN_D_34   UN_D_35

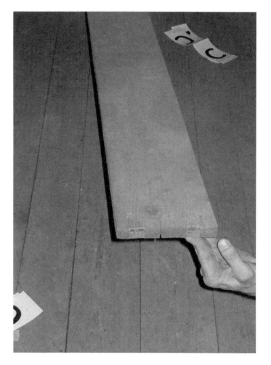

Die Dielen vom Dachboden wurden durch die Bewohner:innen eigenständig so ausgehoben, dass sie wiederverwendet werden können.

The residents removed the floorboards from the attic in a way that allowed them to be reused.

Vorgefundene Backsteine wurden gesäubert und sortiert. Besonders aufwendig war die Aufarbeitung der Bestandsfenster und -türen samt Beschlägen.

Found bricks were cleaned and sorted. The refurbishing of existing windows and doors, including fittings, was particularly time-consuming.

Das geringe Budget wurde von den Bauherr:innen durch einen hohen Anteil an Eigenleistung kompensiert, insbesondere bei der Aufarbeitung der vorgefundenen Baumaterialien.

The limited budget was compensated for by a high level of personal labor on the part of the homeowners, especially in refurbishing the building materials that were found.

Gemeinsam planen Ausbauhäuser werden gemeinsam mit den Nutzer:innen geplant. Schon zu Beginn spielt die Hausgemeinschaft eine große Rolle. Während des Bauprozesses lernt man sich weiter kennen und trifft schwere Entscheidungen gemeinsam. Ausbauhäusler:innen schätzen die Vorteile der gemeinsamen Projektarbeit und der geteilten Verantwortung. Der unterschiedliche professionelle Background der Mitglieder ist während der Planung und auch in späteren Lebenslagen hilfreich und belastbar.

Um als Gruppe gemeinsam planen und bauen zu können, braucht es eine schlanke und effektive Organisationsstruktur und das Engagement der Beteiligten. Die großen Ziele des Projektes bezüglich Prioritäten zum Bau, zum Budget und zum Maß des Engagements der Mitglieder müssen von Anfang an klar definiert sein.

Geeignet sind monatliche Treffen, die von den Planenden in drei Stufen vorbereitet werden. Als Erstes werden konkrete Fragestellungen erläutert und Handlungsmöglichkeiten aufgezeigt. Danach werden Rückfragen beantwortet, sodass abschließend eine ausgewogene Entscheidung mehrheitlich getroffen werden kann. Die regelmäßigen Planungssitzungen erfordern die Kompromissbereitschaft aller Beteiligten. Ergebnisse werden in Beschlusslisten und Protokollen festgehalten. Diese müssen für jeden einsehbar und transparent sein. Dabei werden nicht alle Entscheidungen einstimmig gefällt. Aber durch die Möglichkeit des individuellen Ausbaus der Einheiten fallen den Mitgliedern Entscheidungen im Gemeinschaftsbereich deutlich leichter.

Auch in der vernetzen Gesellschaft ersetzen E-Mail-Kommunikation und Video-Meetings echte Planungstreffen nicht. Die Planungssitzungen der Ausbauhäuser finden so oft wie möglich als analoge Treffen statt. Nur so lässt sich sicherstellen, dass alle Mitglieder mitgenommen werden und ein grundsätzliches Verständnis für die getroffenen Entscheidungen erreicht wurde. Grundlage für eine strukturierte und konzentrierte gemeinsame Planung mit einer Gruppe sind die traditionellen Feierlichkeiten rund um den Bau wie Grundsteinlegung, Richtfest und Einweihungsparty. Hier kann auch auf schwer errungene Kompromisse angestoßen werden.

Participative planning *Ausbauhäuser* are planned in consultation with the future residents (the building community). The community plays a significant role from the beginning. During the planning and construction process, people get to know each other as they need to make important decisions together. DIYers in the Ausbauhaus appreciate the benefits of collaborative project work and shared responsibility. The different vocational backgrounds of the various homeowners are helpful, allowing them to offer all kinds of support, during the planning phase and in future situations.

Planning and building as a group requires a lean and effective organizational structure and the commitment of everyone involved. From the outset, it's crucial to clearly define the project's major goals in terms of priorities for construction, the budget, and the establishment of each of the homeowners' level of commitment.

Monthly meetings are prepared by the planners to achieve all goals and take place in stages. The architect presents specific issues together with a range of possible actions. Following open discussions, balanced decisions will be made by way of a majority vote by the group. Such regular planning sessions require all participants to be willing to compromise. Results are documented in decision lists and minutes, which must be accessible and transparent to everyone. Not all decisions are made unanimously, but since individuals can finish their units according to their own wishes, decision making concerning communal areas becomes easier.

Whenever possible, planning sessions of future Ausbauhaus residents should be conducted as face-to-face meetings. This is the only way to ensure that all members are involved and that a basic understanding of the decisions taken has been reached. Traditional building-related celebrations, such as the laying of the foundation stone, the topping-out ceremony, and the housewarming party, provide the foundation for structured and focused collaborative planning within the group. These events also provide an opportunity to celebrate hard-won compromises.

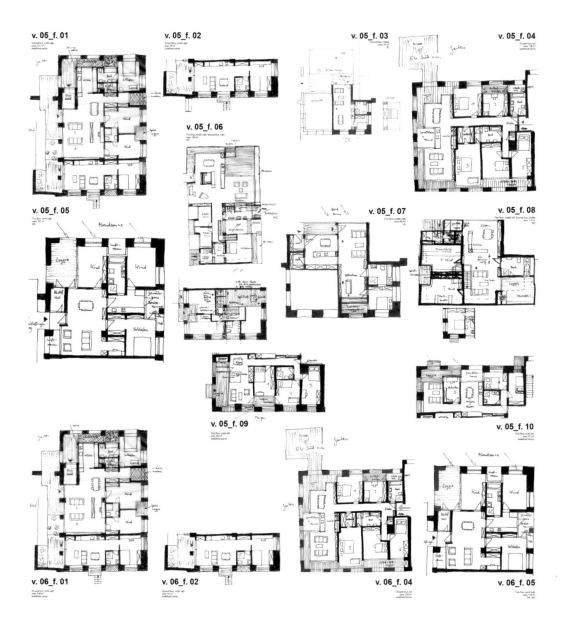

v. 05_f. 01
v. 05_f. 02
v. 05_f. 03
v. 05_f. 04
v. 05_f. 05
v. 05_f. 06
v. 05_f. 07
v. 05_f. 08
v. 05_f. 09
v. 05_f. 10
v. 06_f. 01
v. 06_f. 02
v. 06_f. 04
v. 06_f. 05

Ergebnisse des gemeinsamen Grundrissworkshops: Die Baugruppe hatte von Beginn an den unbedingten Willen, ihren zukünftigen Wohn- und Lebensraum aktiv zu gestalten. Viele Mitglieder der Baugruppe brachten ihre Fähigkeiten und Kenntnisse über den gesamten Entstehungsprozess hinweg ein. Somit wurde es zur Aufgabe der Architekt:innen, einen Prozess zu entwerfen, der Laien möglichst weitgehend zur Planung und Gestaltung ihres Gebäudes befähigt.

Results of the collaborative floor plan workshop: From the beginning, the collective housing initiative was resolutely determined to actively design their future housing space and living environment. Throughout the entire construction process, many members of the housing initiative contributed their skills and knowledge. It became the task of the architects to design a process that would empower non-professionals to participate to the greatest possible extent in planning and designing their building.

Grundriss in Kreide: Lage und Aufteilung der Wohnungen wurden schon im Bestandsgebäude durch die zukünftigen Bewohner:innen getestet.

Floor plan drawn with chalk: The future residents tested out the location and layout of their future homes in the existing building.

Die alte Tabakfabrik wurde vollständig entkernt. Nur das Ziegelmauerwerk der bestehenden Außenhülle ist erhalten.

The old tobacco factory was completely gutted. Only the brick-work of the existing exterior shell has been preserved.

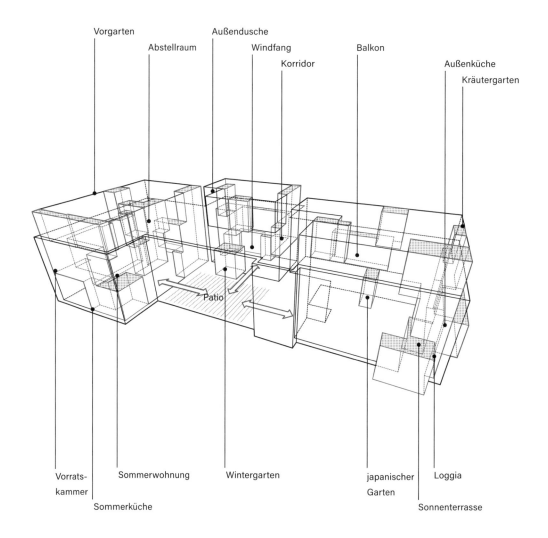

Vorgarten

Abstellraum

Außendusche

Windfang

Korridor

Balkon

Außenküche

Kräutergarten

Patio

Vorrats-
kammer

Sommerwohnung

Wintergarten

japanischer
Garten

Loggia

Sommerküche

Sonnenterrasse

Die bestehende Fassade der Tabakfabrik wird als Klimapuffer genutzt und bildet einen unverwechselbaren baulichen Rahmen für das Wohnprojekt. Die Abstände zwischen Bestandswand und dem implantierten Neubau variieren, sodass unbeheizte Zwischenzonen entstehen, die zusätzliche Funktionen übernehmen. Diese Räume sind als Kalträume im Projekt beschrieben und ergänzen den klassischen Wohnraum.

The existing facade of the tobacco factory is used as a climate buffer and forms a distinctive structural framework for the project. The distances between the existing wall and the new inserted building vary, creating unheated intermediate zones that serve additional purposes. These spaces are described as "cold rooms" in the project and complement the conventional living spaces.

Die Pufferzone bildet räumlich die Verbindung aus Alt und Neu. Gestalterisch wird dies durch Materialität ausformuliert.

Spatially, the buffer zones form the connection between old and new. In terms of design, this is expressed through the choice of materials.

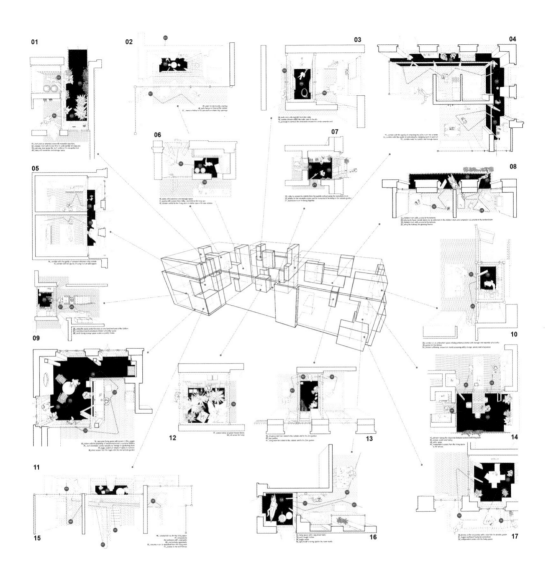

Die Kalträume zwischen Bestandsmauerwerk und neuer Klimahülle des Neubaus: Diese Zwischenräume werden von den Bewohner:innen unterschiedlich bespielt.

The unheated spaces between the existing brickwork and the climate envelope of the new building: Residents use these intermediate spaces in a variety of ways.

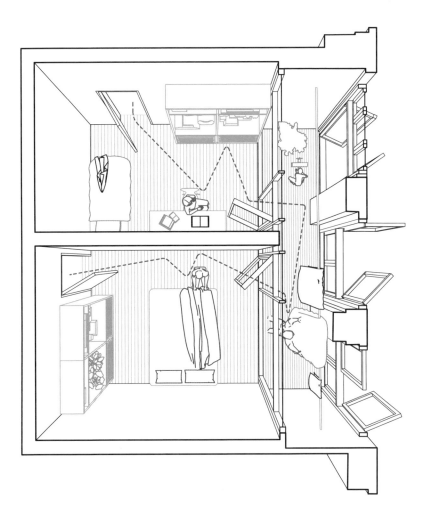

Die Pufferzone in Form eines Wintergartens lässt sich als Gewächshaus oder Bibliothek vielseitig nutzen. Die Küche kann nach Bedarf zur Außenküche erweitert werden.

The buffer zone in the form of a winter garden can be used for multiple purposes such as a greenhouse or a library. The kitchen can also be expanded to become a semi-outdoor kitchen if desired.

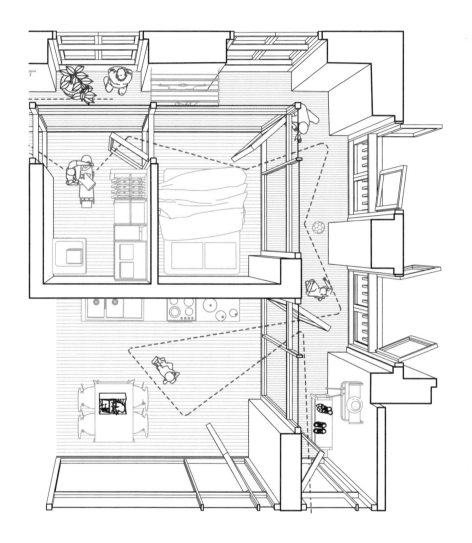

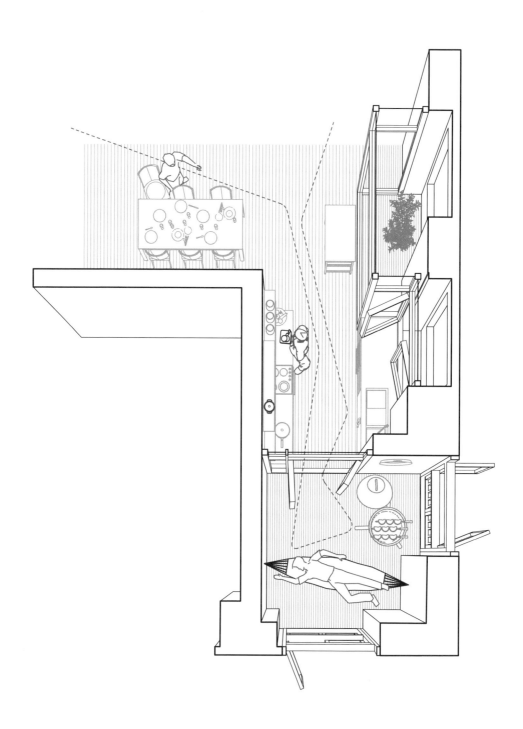

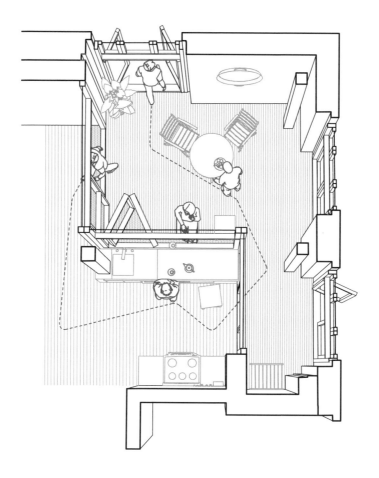

Räumlicher Gewinn durch Nutzung der entstehenden Ni-
schen im tiefen Bestandsmauerwerk als Aufenthaltsraum.

Using the resulting niches in the existing brickwork as living
area provides additional space.

Die Baugruppe hat große Teile des Ausbaus, der Land-
schaftsgestaltung und Dachbegrünung eigenständig geplant und ausgeführt.

The housing initiative independently planned and carried out
significant parts of the interior fit-out, landscaping, and roof
greening.

Ausbauhaus Südkreuz

Im Konzeptverfahren *Schöneberger Linse* hat die Baugruppe den Zuschlag für ein Grundstück in Berlin erhalten und 18 Wohneinheiten und kiezgebundenes Gewerbe im dichten urbanen Kontext errichtet. Die Materialien des in Holz-Beton-Hybridbauweise errichteten Gebäudes wurden ihrem Lebenszyklus entsprechend eingesetzt: Die dauerhafte Tragstruktur ist in Beton errichtet und dadurch nutzungsflexibel. Die hinterlüftete, mit vorvergrauter Lärche verschalte Fassade ist weitestgehend als rückbaubare Holzkonstruktion ausgeführt. Der Innenausbau der Wohnungen als kurzlebigster Teil des Hauses wurde möglichst verbundstofffrei und mit nachwachsenden Baustoffen umgesetzt.

Following a new development process for an urban block called the *Schöneberger Linse*, the collective housing initiative was awarded a plot of land in Berlin and constructed 18 residential units and neighborhood-oriented commercial spaces in a dense urban context. The materials used in the building, which was constructed using wood-concrete hybrid construction, were selected according to their life cycle characteristics. The permanent structural elements were built using concrete, providing flexibility for future use. The ventilated facade was predominantly constructed as a demountable timber structure clad with pre-aged larch. The interior fit-out of the residential units, being the most short-lived part of the building, were implemented with a focus on minimizing composite materials and utilizing renewable building materials.

Ort / Location: Berlin-Schöneberg
Baujahr / Year: 2022
Auftraggebend / Client: Baugruppe Südkreuz GbR

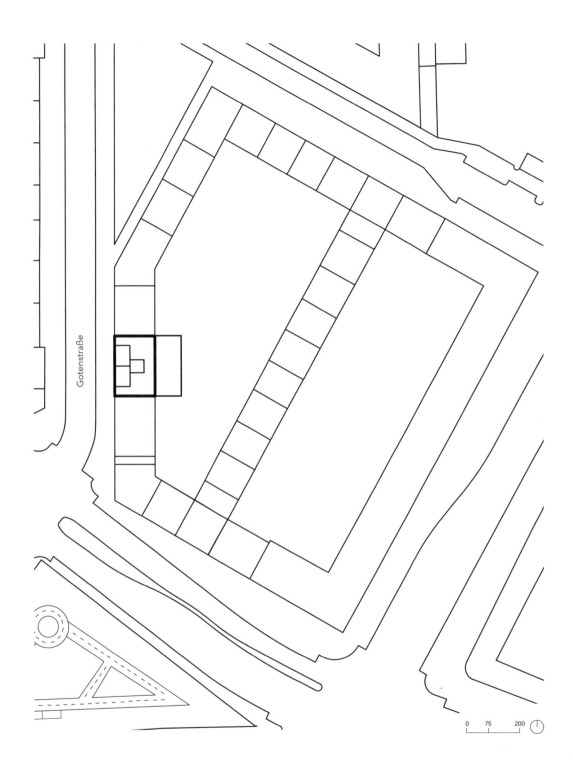

Gotenstraße

0 75 200

An der *Schöneberger Linse*, fünf Minuten Fußweg zum
Bahnhof Südkreuz, ist das *Ausbauhaus Südkreuz* als Teil eines neu errichteten dichten Stadtblocks entstanden.

At *Schöneberger Linse*, a five-minute walk from Südkreuz sta-
tion, the *Ausbauhaus Südkreuz* has been built as part of a
newly developed high-density urban block.

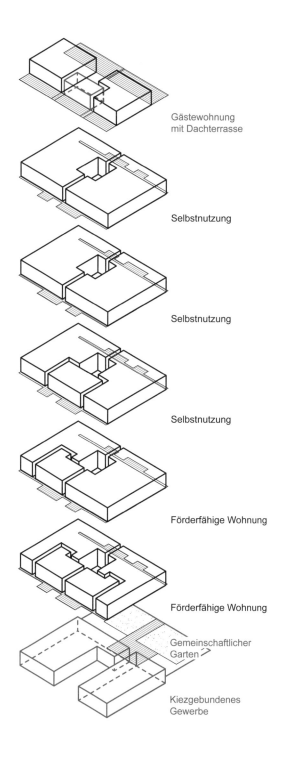

Gästewohnung
mit Dachterrasse

Selbstnutzung

Selbstnutzung

Selbstnutzung

Förderfähige Wohnung

Förderfähige Wohnung

Gemeinschaftlicher
Garten

Kiezgebundenes
Gewerbe

Wohnen, soziales Gewerbe und Gemeinschaft: Auf sieben Geschossen befinden sich 13 Eigentumswohnungen, drei förderfähige Wohnungen zwischen 38 und 130 m², zwei kiezgebundene Gewerbenutzungen und eine Gästewohnung.

Residential, social, and communal spaces: The seven-story building comprises 13 condominiums, three eligible apartments ranging from 38 to 130 m², two neighborhood-related commercial uses, and a guest apartment.

Die Betonoberflächen der tragenden Bauteile wie hier im Treppenhaus werden meist unbehandelt und roh belassen.

The concrete surfaces of the load-bearing components, as
seen here in the staircase, are mostly left untreated and in
their raw state.

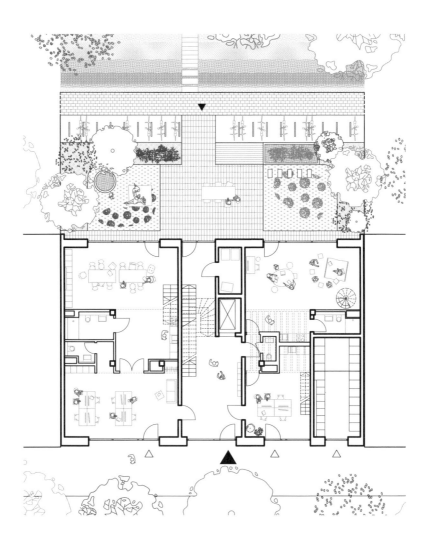

0 2 5

In den beiden Gewerbeeinheiten im 4,5 m hohen Erdgeschoss sind Start-up-Schulungsräume für Gründerseminare und Beratung sowie ein Kiezwohnzimmer mit Atelier zum kulturellen und sozialen Austausch auf ehrenamtlicher Basis untergebracht, teilweise mit halber Galerieebene.

Two commercial units on the ground floor have a ceiling height of 4.5 m. There are start-up training rooms for entrepreneurial seminars and consultations, as well as a neighborhood room with a studio for cultural and social exchange, all used and managed on a voluntary basis. Some rooms have a mezzanine level.

Regelgrundriss im ersten und zweiten Obergeschoss: Vier-spänner mit zwei großen durchgesteckten und zwei kleinen zur Straße ausgerichteten Wohneinheiten. Der über die ge-samte Breite der Fassade laufende Umlauf, mit Balkonen, Loggien und mit bodentiefen Holzfenstern, erweitert den Wohnraum großzügig in den Außenraum.

Standard floor plan—first and second floor: Four-unit layout with two large units extending over the depth of the building and two mall units facing the street. The external circulation areas span the entire width of the facades where balconies, loggias, and wooden French doors generously extend the liv-ing spaces into the exterior.

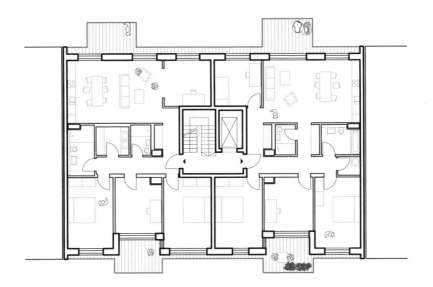

Regelgrundriss im dritten, vierten und fünften Obergeschoss: Zweispänner mit zwei großen durchgesteckten Familienwohnungen.

Standard floor plan—third, fourth, and fifth floor: Two-unit layout with two large family apartments extending over the depth of the building.

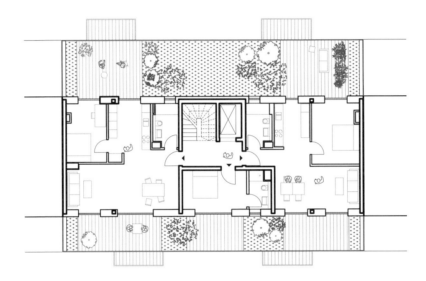

Auf dem Dach befinden sich zwei kleine Einheiten und die gemeinschaftliche Gästewohnung mit Dachterrasse.

Two small units and the shared guest flat with roof terrace are located on the rooftop.

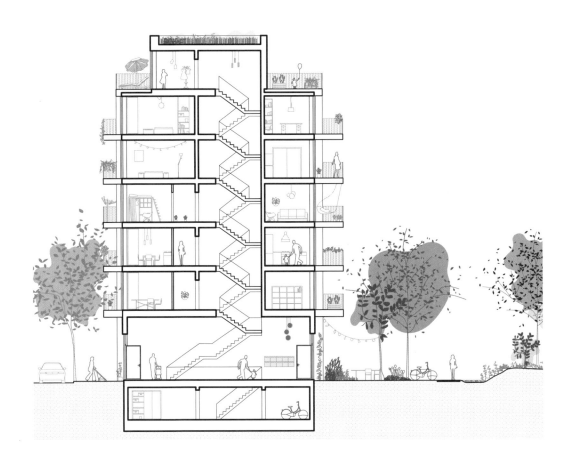

Gebäude als Materiallager Ausbauhäuser werden nicht als fertige Objekte verstanden, sondern als ein Ort, an dem unterschiedliche Materialien gelagert werden. Diese Wertstofflager für zukünftig nutzbare Baustoffe sind so geplant, dass die Baustoffe mit möglichst geringem Aufwand entnommen werden können. Dabei haben die Bauelemente entsprechend ihren Anforderungen eine unterschiedliche Lebens- und Lagerungsdauer.

Im Ausbauhaus hat der verbundstofffreie und aus nachwachsenden Baustoffen errichtete Innenausbau aufgrund von Nutzer:innenwechsel und Modernisierung die kürzeste Lebensdauer. Die Gebäudehülle, die durch Witterung und ihre Leistungsanforderungen an den Wärme- und Kälteschutz einem Erneuerungsdruck ausgesetzt ist, hat eine mittelfristige Lebens- und Lagerungsdauer. Die Trag- und Grundkonstruktion ist der langlebigste Teil eines Gebäudes. Die Ausbauhäuser folgen dieser Dreiteilung in aller Konsequenz.

Neben der üblichen Lebensdauer von Bauelementen und Baustoffen sind dabei auch die Aufwendungen der zukünftigen Materialentnahme ausschlaggebend.

Zerstörungsfreies Trennen der wiederverwend-
baren Materialien, die nur geschraubt, gesteckt und
geklemmt werden, ist die logische Konsequenz und
Zielstellung in den Ausbauhäusern. Positiver Nebenef-
fekt ist, dass der Einbau schneller erfolgt und auf War-
tezeiten wie Trocknungen verzichtet werden kann.

Ohne ausführliche Deklaration der verbauten Materialien, ihrer Menge, Leistungseigenschaften und Funk-
tionsbestimmung ist eine Wiederverwendung Jahr-
zehnte später nicht möglich. Die Dokumentation ist
detailgenau in einem Materialkataster hinterlegt.
Building Information Modeling (BIM) ist der Schlüs-
sel dazu und löst die klassische Papierdokumentation
mehr und mehr ab.

Ausbauhäuser werden für die Veränderung entwor-
fen. Alles ist Umbau: Umbau von Gemeinschaften,
Räumen, Materialien bis hin zu Bildern und unserem
Zusammenleben in der Stadt.

<u>Circular building systems</u> *Ausbauhäuser* are not considered completed buildings but rather as a place where different materials are stored. These storage facilities for possible future building materials are designed to allow materials to be removed with minimal effort. The building elements have different lifespans and storage periods depending on their particular requirements.

In the case of Ausbauhäuser, the interior fit-out, which is free of composite materials and made using renewable building materials, has the shortest lifespan due to user turnover, adaptation, and modernization. The building envelope, which is exposed to weather conditions and performance requirements for thermal insulation against heat and cold, has a medium-term lifespan/storage period. The structural and base construction is the most durable part of a building with a long-term lifespan. Ausbauhäuser follow this tripartite division consistently.

In addition to the typical lifespan of building elements and materials, the ease of extracting materials in the future is also crucial. Nondestructive separation of reusable materials—fastened only by screws, plugs, or clamps—is the logical consequence and objective for Ausbauhäuser. A positive side effect is that installation is faster and various waiting times for drying and curing are mostly eliminated.

Without a detailed declaration of the materials used, including their quantity, performance characteristics, and functional specifications, reuse becomes substantially more difficult decades later. The detailed documentation is recorded in a material register. Building Information Modeling (BIM) is key here and is increasingly replacing traditional paper documentation.

Ausbauhäuser are designed for change. Everything is adaptable: communities, spaces, materials, images, and even our coexistence in the city.

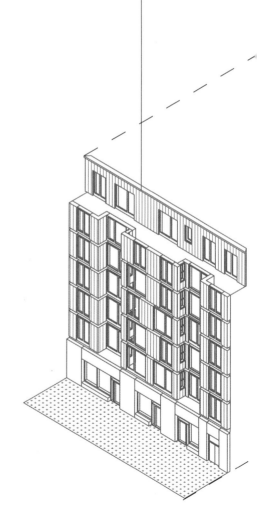

HOLZFASSADE
Holzständerwand,
Holzfaserdämmung,
Holzpanel, rückstandslos
recyclefähig, mittlere
Lebensdauer

Lebenszyklus der Bauteile: Fassade und Innenausbau sind als Materiallager konzipiert. Denn Neubauten von heute sollen in Zukunft nicht mehr abgerissen und entsorgt, sondern materialbewusst modernisiert oder umgebaut werden. Darum sind die Materialien des in Holz-Beton-Hybridbauweise errichteten Gebäudes ihrem Lebenszyklus entsprechend eingesetzt: Die im dichten urbanen Kontext positionierte dauerhafte Tragstruktur ist aus Beton. Die Fassade ist als rückbaubare, nicht tragende Holzkonstruktion ausgeführt. Der Innenausbau der Wohnungen wurde weitestgehend verbundstofffrei und mit nachwachsenden Baustoffen umgesetzt. So wird zukünftig eine passgenaue Modernisierung bzw. bei Rückbau eine sortenreine Trennung der Materialien möglich.

Lifecycle of the building components: The facade and interior fitout are conceived as a long-term store of materials. The goal is to no longer demolish and dispose of today's new buildings in the future but to modernize or convert them in a material-conscious way. Therefore, the materials used in the building, a wood-concrete hybrid construction, were chosen according to their life cycle characteristics. The permanent structural elements, positioned in the dense urban context, are made of concrete. The facade is designed as a demountable, non-load-bearing wood structure. The interior fit-out of the residential units was implemented with a focus on minimizing composite materials and using renewable building materials. This approach allows for precise modernization in the future or, in case of deconstruction, facilitates the efficient separation and recycling of materials.

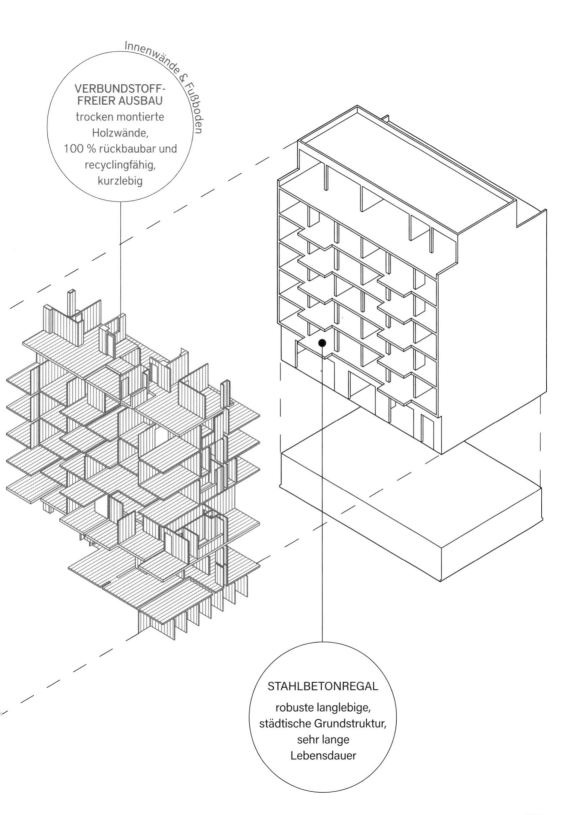

VERBUNDSTOFF-
FREIER AUSBAU
trocken montierte
Holzwände,
100 % rückbaubar und
recyclingfähig,
kurzlebig

Innenwände & Fußboden

STAHLBETONREGAL

robuste langlebige,
städtische Grundstruktur,
sehr lange
Lebensdauer

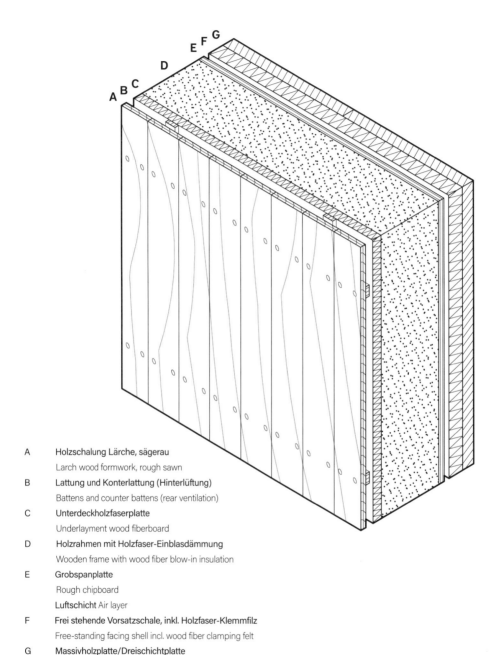

A   Holzschalung Lärche, sägerau
         Larch wood formwork, rough sawn

B   Lattung und Konterlattung (Hinterlüftung)
         Battens and counter battens (rear ventilation)

C   Unterdeckholzfaserplatte
         Underlayment wood fiberboard

D   Holzrahmen mit Holzfaser-Einblasdämmung
         Wooden frame with wood fiber blow-in insulation

E   Grobspanplatte
         Rough chipboard
         Luftschicht Air layer

F   Frei stehende Vorsatzschale, inkl. Holzfaser-Klemmfilz
         Free-standing facing shell incl. wood fiber clamping felt

G   Massivholzplatte/Dreischichtplatte
         Solid timber panel/three-ply panel

Rückbaubare Holzfassade: hinterlüftete, weitestgehend verbundstofffreie Fassade mit vorvergrautem Lärchenholz. Rote Lowtech-Sonnenschutzvorhänge aus der Landwirtschaft sorgen für ein lebendiges, wechselndes Fassadenbild.

Demountable timber facade: rear-ventilated, largely composite-free facade with pre-aged larch wood. Red sun screens made from a textile, usually destined for use in agriculture, lend the facade a vibrant, changing appearance.

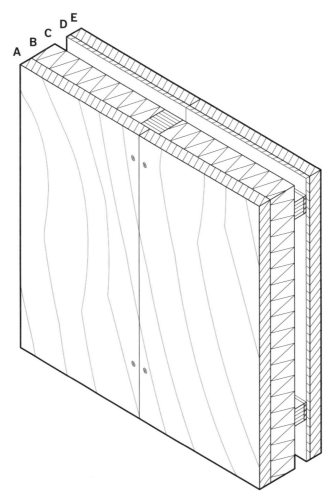

A   Massivholzplatte/Dreischichtplatte
        Solid timber panel/three-ply panel

B   Klemmfilz aus Holzfasern
        Wood fiber clamping felt
        Hanffilzstreifen (Entkopplung)
        Hemp felt strips (decoupling)

C   Holzlattung
        Wooden battens

D   Lehmbauplatte (optional zur Verbesserung des Schallschutzes)
        Clay panel (optional for improved sound insulation)

E   Massivholzplatte/Dreischichtplatte
        Solid timber panel/three-ply panel

Innenwand als trocken montierte Holzwand: Die Holzstän-derwand ist mit Klemmfilz ausgefüllt und mit sichtbaren Massiv-holzplatten verschraubt.

Interior wall as a dry-mounted timber wall: The timber stud wall is filled with clamping felt and screwed together with vis-ible solid timber panels.

Im *Ausbauhaus Südkreuz* wird der gesamte Lebenszyklus der Baumaterialien berücksichtigt. Sie sind rückbaubar und wiederverwendbar. Dabei dient das Gebäude als Material-lager.

In the *Ausbauhaus Südkreuz*, the entire life cycle of building materials is taken into account. They can be deconstructed and reused. The building is used as a materials store.

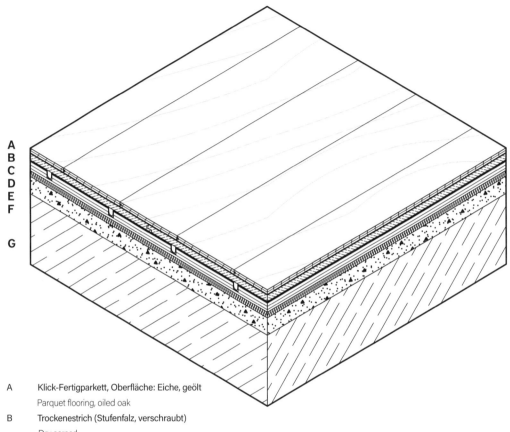

A   Klick-Fertigparkett, Oberfläche: Eiche, geölt
      Parquet flooring, oiled oak

B   Trockenestrich (Stufenfalz, verschraubt)
      Dry screed

C   Trennschicht Papierbahn
      Separating paper web layer

D   Fußbodenheizung in Holzfasersystem mit
      Wärmeleitblechen
      Underfloor heating in wood fiber system with heat baffles

E   Lastverteilende Holzfaserplatte
      Load-distributing wood fiber board

F   Ausgleichs- und Trockenschüttung
      Leveling and dry fill

G   Rohdecke
      Floor slab

Verbundstofffreier Fußboden: Auf der Ausgleichsschüttung, die mithilfe des *Granubot* nivelliert wurde, liegen Wärmeleitbleche als Fußbodenheizung.

Composite-free flooring: Heat-conducting plates for underfloor heating were placed on top of the self-leveling cellulose screed, which has been leveled using the *Granubot*.

Selbstnutzung Ausbauhäuser sind als Selbst-
nutzer:innenprojekte angelegt. Sie werden durch
die Eigentümer:innen der Wohneinheiten in einer
Wohnungseigentümergemeinschaft oder einer Genos-
senschaft direkt geplant, gebaut und verwaltet. Dadurch ist nicht nur der Grad der Mitbestimmung
ungleich höher als bei klassischen Mietwohnungen,
auch die unmittelbare Teilhabe an allen das Gesamtprojekt betreffenden Entscheidungen ist groß. Diese
Form der Mitbestimmung fördert die Wohnsicherheit
und erhöht das Selbstbewusstsein sowie die Bereit-
schaft, ein nachhaltiges und langlebiges Gebäude zu
errichten.

Ausbauhaus-Projekte übernehmen nicht einfach die
Logiken und Routinen des Marktes, sondern setzen
auf pragmatische Perspektivwechsel, die sich von
Standardvorgaben lösen und eine gelebte Praxis mit
neuen Qualitäten des Wohnens anvisieren. Ausbau-
häusler:innen definieren die Anforderungen an ihre
Wohn- und Lebenswelt direkt, sodass Standards auf
den realen Bedarf und das Budget zugeschnitten werden können. Das bedeutet beispielsweise den Verzicht
auf teuren Bodenbelag, keine zusätzlichen Medien-
anschlüsse bei ausreichendem WLAN oder Einhe-
belmischer im Bad anstelle von Thermostaten. Als

Beitrag für die eigene Gesundheit entscheiden sich Ausbauhäusler:innen für wohngesunde und baubiologisch unbedenkliche Baumaterialien. Dieser direkte Bezug führt auch zu einer hohen Offenheit gegenüber unkonventionellen baulichen Lösungen. Vorschläge für ein resilientes Wohnumfeld finden bei Selbstnutzer:innengruppen nicht nur Unterstützung, sie lassen sich von ihnen auch leichter organisieren: So wird gern in Gemeinschaftsräume oder ein Biodiversitätsdach investiert. Sich in einem Ausbauhaus zu organisieren, geht insofern mit einer aktiven gesellschaftlichen Teilnahme einher, nicht nur mit einem wachsenden Verständnis für immobilienwirtschaftliche Prozesse.

Ausbauhäuser sind in einem umfassenden Sinn effektiv gebaut. Ihre Selbstnutzung bietet neben der großen gestalterischen Freiheit nicht nur die üblichen Vorzüge genutzten Wohneigentums: wie Entfallen der Mietkosten, keine Gefahr einer Wohnungskündigung und eine gute Planbarkeit des Immobiliendarlehens. Ausbauhäuser sind vor allem auch effektiv gebaut, da die Selbstnutzer:innen ihren tatsächlichen Bedarf kennen, das Bausoll ohne Unschärfe definieren und selbstorganisiert umsetzen.

Long-term occupancy *Ausbauhäuser* are designed for long-term occupation. They are planned, built, and managed directly by the owners of the residential units in either a homeowner association, or a cooperative. This not only promotes greater participation compared to traditional off-the-plan developer-led or rented housing, but it also enables substantial direct involvement in every decision related to the overall project. This form of participation promotes housing security and increases both self-confidence and the willingness to invest in a sustainable and long-lasting building.

Ausbauhaus projects do not simply adopt the logics and routines of the market, instead they rely on pragmatic shifts in perspective that break away from standard regulations and foster an authentic, enriched way of living. Owner-occupiers of Ausbauhaus units define the requirements for their living environment themselves, allowing standards to be tailored to their actual needs and budget. This may involve, for example, foregoing expensive flooring, not installing additional media connections when sufficient Wi-Fi is available, or opting for simple faucets in the bathroom instead of thermostatic ones. As a contribution to their own health, Ausbauhaus owner-occupiers also choose environmentally friendly and biologically safe building materials. This direct involvement also encourages more openness toward non-standard building solutions. Proposals for a resilient living environment not only tend to garner support from owner-occupier groups but also prove easier to organize. For example, people are quite happy to invest in communal spaces or a biodiversity roof. Communities that independently organize themselves in Ausbauhäuser thus nurture active societal participation, fostering both a growing understanding of real estate economics and a sense of belonging.

Ausbauhäuser are built effectively—in a comprehensive sense. In addition to great design freedom, owner-occupancy offers the advantage of living in one's own property, such as no rental costs, security of occupancy, and the ability to plan the financial burden of a mortgage. Above all, Ausbauhäuser are built effectively because the owner-occupiers know their own needs, can clearly define what needs to be built, and are able to implement it themselves.

Feier der Grundsteinlegung mit der Baugruppe und den beteiligten Planer:innen. Im Rahmen des Konzeptverfahrens
Schöneberger Linse hat die Baugruppe 2019 den Zuschlag
für das Grundstück erhalten.

Celebrating the laying of the foundation stone with the members of the housing initiative and the planners involved. In
2019, the housing initiative was awarded the site as part of the
Schöneberger Linse development process.

Es wurden Vogelbrutkästen in die Fassade integriert. Das Dach mit Dachbegrünung ist als Imkerstandort vorgesehen.

Bird breeding boxes have been integrated into the facade. The green roof is intended as a beekeeping area.

Nur der Verzicht auf das Verkleben und Verspachteln von Materialien macht eine sortenreine Trennung der Materialien bei Rückbau sowie deren Weiterverwendung möglich.

By refraining from the use of adhesives and fillers, materials can be separated by type when they are dismantled for reuse.

Aufgrund der Nähe zum viel befahrenen *Sachsendamm* gelten hohe Schallschutzanforderungen. Es wurden spezielle Holzfenster und weitere Maßnahmen wie Kastenfenster und Prallscheiben entwickelt.

Due to the proximity to the heavily trafficked adjacent road, high acoustic insulation requirements apply. Special wooden windows and other measures such as box-type windows and acoustic baffles were developed.

Prüfung der in Zusammenarbeit mit Akustik- und Fenster-
baufirmen entwickelten Holzfenster an der MFPA (Gesellschaft für Materialforschung und Prüfungsanstalt für das
Bauwesen) in Leipzig.

Testing of the timber windows, developed in cooperation with
acoustic construction companies and window manufacturers,
at the MFPA (Institute for building material studies and testing) in Leipzig.

Monatliches Planungstreffen mit der Gruppe zur Bemusterung der Innenräume und Festlegung eines gemeinsamen Ausbaustandards.

Monthly planning session with the housing initiative to examine samples for the interior and to specify a common fit-out standard.

Danke an unsere Bauherr:innen:

Thanks to our clients:

Baugruppe Ausbauhaus Neukölln GbR: Peter Acker, Henning Borchers, Martin Born, Boris Bulatovic, Sören Eckel, Rosa Flores Fernandez, Dieter Groß, Konrad Gruber, Claudia Heffler, Sabrina Heffler, Heike Köber, Uwe Krepelin, Franziska Mahlau, Helmut Merz, Aline Oppermann, Kelly Parks, Jan Peters, Judith Philipp, Tobias Philipp-Kuppel, Axel Pohlmann, Iris Radsi, Georg Ratjen, Axel Rößling, Bardia Saffari, Kathrin Saffari, Frank Steinbrenner, Ursula Tamm, Birgit Teuwen, Marie-Catherine Theiler, Grit Trummer, Dagmar Vieten-Groß, Jörg Volkmar, Andreas Wagner, Jan-Philipp Wirth

Baugruppe Ausbauhaus Neuruppin GbR: Ivette Grundmann, Peter Grundmann, Volker Stahl, Julia Völker, Marc Völker, Florian Zeddies, Ulrike Zeddies

Baugruppe Alttrachau GbR: Mathias Berndt, Olga Berndt, Dietmar Michael Böhm, Franziska Greiner, Karina Greiner, Matthias Götze, Norbert Haase, Jonathan Kirchner, Bettina Lau-Lange, Karin Luttmann, Uta Neumann, Katrin Reuschel, Jana Schenk, Odile Vassas

Baugruppe Südkreuz 86 GbR: Lisa Alberding, Antje Backhaus, Moritz Benjamin, Sabine Espe, Gerd Fleischmann, Johann Jakob Fleischmann, Teja Hofferberth, Gerd Heino Kleyhauer, Jan Kruska, Robinson Meinecke, Seref Özdemir, Johannes Schäfer, Corinna Stoltenburg, Moritz Stoltenburg, Mark Terkessidis, Susanne Valandro, Andrea Sandra Wittek, Leonard Zapf

Danke an unser Team:

Thanks to our team:

Jorge Andujar, Fernando Barandiariain, Julia Bärschneider, Heike Blauert, Carolina Botran, Jakob Desel, Philipp Dittus, Andreas Friedel, Hannes Friedemann, Borja González Ferrer-Vidal, Tamara Granda, Karoline Hietzscholdt, Michaela Hillmer, Annika Hopster, Lutz Hüning, Bernd Jäger, Victor von Jagwitz-Biegnitz, Ivan Kadunc, Jan Kertscher, Fabian Klemp, Nora Lindemann, Natalia Martinez, Ana Menio Silva, Bernd Miosge, Heinrich Moehlenhaskamp, Julia Mroczynska, Max Mütsch, Matthias Müller, Tino Müller, Leticia Nebot Colom, Jenny Neubig, Lucia Nogaledo, Nicolas Oevermann, Cristina Ojalvo, Laura Ordoñez, Michael Pape, Matija Perharić, Daniela Quang, Christin Repp, Magdalena Staniszewska, Nilhan Tezer, Julia Trinkle, Rebecca Villanueva, Antonia Wagner, Greta Wörmann, Cansu Yener, Paul Zöll

Impressum Imprint

© 2023 by jovis Verlag GmbH
Ein Unternehmen der Walter De Gruyter GmbH, Berlin / Boston
Part of Walter De Gruyter GmbH, Berlin / Boston

Herausgeber:innen Editors: Dr. Jana Richter, Henri Praeger
Umschlagbild Cover image: Ausbauhaus Südkreuz (Detail / Detail), Fotograf Photographer: Andreas Friedel
Buchgestaltung Graphic design: Rebekka Gröhn, Annika Hopster, Christin Repp, Greta Wörmann
Übersetzung Translation: Bianca Murphy
Lektorat Copyediting: Dr. Hanno Depner (D), Michael Thomas Taylor (E)
Korrektorat Proofreading: Jutta Ziegler (D), Bianca Murphy (E)
Litographie Litography: Annika Hopster
Druck und Bindung Printing and binding: Graspo Cz, a.s.

Bildnachweis Photo credits: Andreas Friedel: *Ausbauhaus Neukölln*, *Massivholzhäuser Neuruppin*, *Ausbauhaus Südkreuz*;
Lindsay Webb: *Ausbauhaus Südkreuz* (soweit nicht anders angegeben / unless otherwise stated)
Zeichnungen Drawings: Praeger Richter Architekten (soweit nicht anders angegeben / unless otherwise stated)

Bibliografische Information der Deutschen Nationalbibliothek:
Die Deutsche Nationalbibliothek verzeichnet diese Publikation in der Deutschen Nationalbibliografie: detaillierte biblio-
grafische Daten sind im Internet über http://dnb.d-nb.de abrufbar.
Bibliographic information published by the Deutsche Nationalbibliothek:
The Deutsche Nationalbibliothek lists this publication in the Deutsche Nationalbibliografie: detailed bibliographic data are available
on the Internet at http://dnb.d-nb.de.

Praeger Richter Architekten, Florastraße 86 A, 13187 Berlin
T +49 (0)30 499894-203
www.praegerrichter.de
Instagram: praegerrichterarchitekten

jovis Verlag GmbH
Lützowstraße 33
10785 Berlin

www.jovis.de

jovis-Bücher sind weltweit im ausgewählten Buchhandel erhältlich. Informationen zu unserem internationalen Vertrieb
erhalten Sie in Ihrer Buchhandlung oder unter www.jovis.de.
jovis books are available worldwide in select bookstores. Please contact your nearest bookseller or visit www.jovis.de for information concerning your local distribution.

ISBN 978-3-86859-615-1